SCIENZA DELLA METAFI
CONOSCI IL D'IO INTERIOI

Trovai per caso codesto manoscritto laccato in latino antico
Dall'illustre antenato da Longobucco
Che ancor oggi dal meritato podio, al "Campanaro" la gente scruta
che par prender nota sul "trattato di Chirurgia" dettato a quel di Padova
ove cotanta scienza la pietra pose dal silenzio che tutto svela,
che io vò comparando sanz'averne alcun degno
e sol per riverenza scrivo per la dimenticata beata Vergine da Crosia
che pura d'animo creò il mio Maestro
la cui voce fu incisa nello purpureo "Codex" di Rossano,
ove **Giustizia** piange ai piedi del Tribunale chiuso
dall'aleatoria politica scellerata.
Confidami o Eterno, la verità sull'Universo,
Svela al tuo umile servo il principio e l'infinito,
affinché l'oscurità non sovrasti la Luce.
Leggi, latente e distratto lettore,
ché della vita v'è certezza sol dell'ultimo respiro:
apri il senno al correr dell'essere
se intendi capir che se'immortale.

Nessuno

In copertina: Platone, Gesù, Dalai Lama, Freud, Darwin, extraterrestre, Einstein, Petrarca;
sullo sfondo l'Uomo Vetruviano di Leonardo da Vinci;
sul retro: foto della "Scuola di Atene".

Indice:

SCIENZA DELLA METAFISICA

CONOSCI D'IO

INTRODUZIONE

PARTE PRIMA

CONOSCI D'IO

PARTE SECONDA

IL RITORNO A SE STESSI

PARTE TERZA

LE LEGGI NATURALI DELLO SPIRITO

SEZIONE 1°

LEGGI DEL PRIMO GRUPPO

SEZIONE 2°

LEGGI DEL SECONDO GRUPPO

SEZIONE 3°

LEGGI NATURALI SPIRITUALI PERENTORIE – O LEGGI DI ETICA

PARTE QUARTA

LE ORIGINI DELLA VITA

PARTE QUINTA

METTIAMO IN PRATICA LA POTENZA DI D'IO

INTRODUZIONE

Conosci D'io non è certamente un errore ortografico, ma racchiude in sé tutto quello che per millenni ci hanno tenuto nascosto.

<<Essere o non essere>>: se è questo il problema, perché è così difficile capire? La risposta è semplice: perché nessuno ve l'ha spiegata bene come Nessuno.

Sapete perché per una strana nostalgia vi siete recati nel posto dove siete nati, oppure dove avete trascorso la vostra fanciullezza? Tra poco capirete cosa cercavate nella via Gluck, così come fece Celentano.

Se siete uno tra quelli che ha pensato, almeno una volta nella sua vita, la fatidica frase: "Se rinascessi di nuovo" – o – "Se avessi 20 anni di meno", oppure se siete un giovane che ha voglia di appropriarsi della propria vita per avere successo personale e sociale: questo è il libro scritto per Voi.

L'intento di questo corso sarà quello di liberarvi dalle catene e, per quanto possibile, dare una valenza scientifica al fenomeno della metafisica e dello spirito, ponendo le basi dei concetti sottostanti e le leggi che la governano.

La natura di questo testo è **teo-umanistica psicologica**, ossia una filosofia che mette al centro contemporaneamente l'uomo e Dio, per cui chi s'intende di filosofia troverà spunti di riflessione sulla risposta universale, chi è religioso "non addetto ai lavori" capirà cos'è e come funziona lo Spirito Santo e i meccanismi della fede, chi è scienziato si aprirà allo spirito, chi mastica psicologia abbatterà qualche barriera, chi è esoterico arricchirà la sua visione universale, chi è antropologo o genetista forse capirà che a scuola abbiamo imparato mezze verità, chi è umanista troverà la sua bibbia universale che cercava dai tempi di Petrarca.

Ma al contrario di queste nobili dottrine noi ci professiamo essoterici, perché non divulgare a tutti "l'intera" verità è un reato e non vogliamo sentirci "fuorilegge spirituali" davanti a Dio.

Ho cercato il principio e la sintesi del tutto e alla fine l'unica strada universale che **mi è stata inspirata** è quella più semplice e scontata. Il fulcro del discorso inizia già dal primo capitolo, ma una doverosa introduzione all'argomento è necessaria, se non altro per capire perché dovremmo sbranare questo libro.

Nel terzo millennio, pieno di mille contraddizioni, di angosce e depressioni, dove l'apparenza della felicità, a nostra insaputa, ha preso il sopravvento sull'essere felice, tant'è vero che è diventato viscerale pubblicare foto sorridenti sui social per soddisfare il bisogno virtuale dell'illusione di esistere, **è impellente il bisogno** di dare alle nuove generazioni delle risposte chiare e facilmente sperimentabili, su chi siamo e perché ci siamo, ma specialmente dar loro un fondamento euristico, ossia una direttiva chiara della loro LEGITTIMA ricerca della felicità che spesso viene confusa con il piacere, anche se molte volte coincidono.

L'uomo ha tentato di raggiungere la piena felicità, prima con la rivoluzione industriale e infine con la diffusione della cultura, senza però riuscirci; dacché con il benessere diffuso e la cultura generalizzata, l'uomo si è accorto di aver accentuato il suo vuoto interiore. Le varie credenze religiose e filosofiche sono diventate un palliativo che hanno ammorbidito il disperato bisogno di ritrovare Dio, senza una salda e matematica certezza interiore (statistica alle mani).

Il successo di una civiltà sulle altre è sempre andata a braccetto con la convinzione di avere una fede superiore a quella di altri popoli, cosicché al venir meno di quella fede per vari motivi, la stessa civiltà si è avviata al decadimento: l'impero Romano che per "volontà di Dio" è stato il **"popolo eletto"** per unificare e portare la civiltà nel mondo, ne è la più lampante dimostrazione. Non è l'oggetto della fede che si mette in discussione, ma la convinzione o devozione assoluta a essa.

Persino la psicologia non può vantarsi di aver scoperto un sistema semplice per trovare se stessi e la gioia a priori, cioè prima che subentri la depressione. Per dirla con Bauman: la "società liquida" non solo ancora persiste, ma ci siamo ingabbiati nelle "strutture della società" peggio di prima (Foucalt), per approdare a una felice e illusoria "società virtuale".

La felicità è semplicemente IL PIACERE D'ESSERE e di VIVERE, a prescindere dall'aspetto fisico, dalle condizioni economiche o dall'età: soltanto dopo aver preso coscienza di noi, potremmo dire di aver trovato la piena soddisfazione interiore, requisito essenziale per avere anche le soddisfazioni "esteriori".

Oggi che viviamo nell'era della tecnologia avanzata e della comunicazione multimediale, l'homo technologicus s'illude di essere presente, mentre inconsapevolmente sfugge dalla realtà per paura d'esser solo. Oggi, salvo affidarsi ciecamente a una fede senza porsi domande, nessuno può vantarsi di aver trovato il viatico sicuro per la scoperta di Dio e della gioia di essere in modo definitivo; a parte gli addetti ai lavori che sanno e non dicono e vi profilano in un alone di mistero le parabole senza spiegarvi le leggi universali sottostanti e l'utilizzo pratico di esse.

Ci sentiamo svuotati con un mal di vivere dilagante che ci porta al consumo di droghe mai verificatosi nel passato, specialmente tra i giovani, ai quali hanno inculcato l'ordine di consumare e gettare anche la propria vita con fumo e alcool, senza le quali sentono di non poter accedere alla felicità.

Ovviamente ogni conquista dell'uomo sono delle benedizioni di Dio che alleggeriscono le fatiche delle moltitudini e migliorano le comunicazioni, per cui non devono essere criticate o denigrate, ma saggiamente utilizzate senza diventarne schiavi.

Questo libro intende delineare per chi ne ha bisogno e vuole credere in qualcosa di sicuro, senza affidarsi ad una fede "non spiegata e non esauriente", sia essa religiosa, filosofica, esoterica, economica, umanistica o scientifica, **la via maestra per la conoscenza del vero ed unico Dio**, che non è lontano da voi, ma dentro di voi: l'ultimo posto dove avreste cercato.

Ritrovare l'equilibrio per scoprire se stesso sarà la nostra missione e i benefici che ne trarrete saranno salute, successo, abbondanza, ma soprattutto una pace interiore piena di gioia di vivere con una nuova e consapevole spensieratezza, come avevamo fino ai cinque anni, ma che purtroppo, in età adulta abbiamo dimenticato. Con un minimo di volontà possiamo migliorare la nostra vita.

Noi siamo venuti al mondo a nostra insaputa e a nostra insaputa ce ne andremo, senza che nessuno ci abbia dato delle istruzioni precise per vivere al meglio la vita che ci siamo ritrovati (M. Gibass), oggi molto più complicata e stressante che nel passato. Einstein predisse che il problema dell'umanità non sarebbero state le bombe atomiche in se, ma il bombardamento della comunicazione lesiva della pace interiore: ogni anno nel mondo ci sono circa 800.000 suicidi, per non menzionare i dati delle depressioni che raggiungono cifre impressionanti. Riflettendo su questi dati il coronavirus è una barzelletta che ringrazio solo per avermi dato il tempo di buttare giù questi concetti.

Con il termine "educazione" s'intende un processo di maturazione per raggiungere la <u>**consapevolezza di se stessi**</u>, tramite la formazione umanistica di un "pensiero critico" scevro e libero da pregiudizi e tabù: cosa che nella scuola odierna non s'impara, essendo questa una fucina di cruda erudizione e mezze verità.

La conseguenza di ignorare le linee guida della vita è stata di aggrapparci all'errata educazione della famiglia, dei parenti, della scuola, della religione ed in genere del sistema sociale ove siamo cresciuti, ignorando cosa sia giusto ed errato, per lo più con l'ordine imperativo di essere più furbi, più forti e diventare più ricchi degli altri, rimanendo incatenati a questi concetti per tutta la vita.

Tuttavia, non passa giorno senza restare delusi per qualcosa o per qualcuno, sciupando la nostra gioia di vivere ed addossando **sempre** la colpa agli altri. I motivi addotti sono infiniti, alcuni peraltro gravi per aver trovato occupato il "telefono azzurro", ma nonostante la sua terribile esperienza e sofferenza, la vittima durante la sua vita procurerà più dolore agli altri di quanto ne abbia ricevuto lei, solo per vendetta, aumentando il suo vuoto ed autodistruggendo la sua dignità.

In verità, libri per vivere meglio ne esistono una miriade; dalle antiche civiltà dei Sumeri e degli Egiziani, fino alla Bibbia, ai libri dei Yogi, dei buddisti, degli antichi Aztechi e Greci e nessun filosofo ha potuto fare a meno di scrivere il metodo per la felicità, ma tutti sono intrisi della tradizione e dei pregiudizi del popolo che li ha creati o dell'orientamento del filosofo.

È innegabile però che tutti i testi sacri o profani, solo apparentemente sembrano semplici, per la **difficoltà di coordinarli** nell'insieme, dovuto alla loro genericità ed alle varie contraddizioni nel complesso che rendono arduo afferrare subito il senso ultimo: ovvero la sintesi chiara ed universale del tutto.

Altro limite dei testi religiosi o filosofici, psicologici, umanistici o esoterici, è la loro **relatività,** intesa nel senso di spaccatura o divisione con le altre. Se si è di qua non si può essere di la e viceversa. La conseguenza di ciò è l'eterna competizione tra loro, a volte per motivi futili, pur professando un Dio e un credo universale.

La divulgazione della fede, qualunque essa sia, viene proposta ai seguaci con "mezze pilloline" in modo da lasciare tutte le domande senza risposta o comunque non esaurienti. I religiosi lamentano l'afflusso sempre minore ai conviti, in contraddizione alla grande richiesta di spiritualità del popolo che trova altre strade per esaudirla. Mi son chiesto se dal "pulpito" non dicono la "totale" verità perché non la sanno o perché hanno paura a svelarcela: dicono cose positive per l'anima, ma non si afferra mai la sintesi del tutto alla prima lezione e nondimeno non ho trovato nessun filosofo che non sia stato contraddetto.

In tutte le civiltà, chi aveva il comando della verità mistica appresa, invece di **divulgarla in modo semplice** e costante al grande pubblico, essa diventava (e diventa tuttora), appannaggio di pochi; che puntualmente, invece di semplificarla, è rivelata al popolo in un alone di misticismo – i teologi sono i più accaniti – talvolta contraddicendosi creando una matassa confusionale anche tra loro stessi.

Nondimeno, anche coloro che distratti dal mondo o aventi pochi mezzi a disposizione, sia culturali o economici, non possono negare di non aver ricevuto degli imput per capire la via maestra della verità, come spiegheremo più avanti.

Tenteremo di dare una sintesi universale su questo complicato mondo spirituale in armonia con quello materiale, con una visione accettabile di quello che vi accade intorno, fino a capire anche i messaggi criptati nell'arte, siano esse fiabe, canzoni popolari, cinema, letteratura, dipinti e persino lo sport.

Faremo uso di esempi di dominio pubblico per rendere chiaro e universale il nostro discorso (ce ne scusiamo con i più dotti), per comprendere che tutto è alla vostra portata. Infatti, a vostra insaputa (a volte anche dell'artista), tutte le arti, vi hanno sempre inviato messaggi "in codice" per ritrovare voi stessi.

Non a caso, il filosofo britannico Schelling, diceva che Dio si manifesta nell'arte, per cui ne deduciamo che l'arte come il Vangelo, ci comunica qualche verità su Dio.

Questi riferimenti saranno utili, non solo per capire meglio la realtà che ci circonda, ma anche per capire quando e perché un'opera diventa arte.

Spiegheremo nel modo più semplice tutti i passaggi sui misteri dell'Universo Spirituale, senza perdere di vista l'obiettivo finale che è quello di raggiungere la completezza del vostro essere ed eliminare i vostri dubbi per tutta la vostra vita.

Capirete che S. Francesco o S. Padre Pio, Ghandi, Socrate o Giordano Bruno, per citarne alcuni, ma in genere tutti i grandi filosofi, non erano dei pazzi inclini alla sofferenza masochista, ma soltanto delle semplici e umili persone che avevano conosciuto la verità del meccanismo dell'Anima interiore.

Questi illuminati, avendo però seguito il percorso rigido dettato dal loro credo religioso, umanistico o filosofico, a cui devotamente erano rivolti, pagarono con una vita sacrificata la loro rinascita spirituale, dovuta alla mancanza di istruzioni precise e chiare, per raggiungere la santità (o l'illuminazione) nel modo più semplice e veloce.

Giusto per chiarire: Santificarsi o illuminarsi, significa semplicemente purificarsi, pulirsi. Da che cosa e come lo spiegheremo avanti.

Non vi sarà chiesto nessun sacrificio particolare, né diventare un eremita, né cambiare la vostra fede religiosa o filosofica o le vostre abitudini, perché il vostro cambiamento avverrà spontaneamente da una vostra presa di coscienza.

Portate pazienza nella lettura del testo e meditate, in piena autonomia e segretezza, su quanto apprenderete.

Alla fine di questo libro, la vostra vita sicuramente non sarà più come prima, perché vi porterà a innalzarvi verso l'alto e lo farete in segreto: ognuno sarà il proprio guru o sacerdote. Una volta entrati nel discorso, non potrete fare a meno di crescere spiritualmente, atomisti e atei compresi; a meno che non si commetta l'errore frequente di inorgoglirsi pensando di essere superiori agli altri: uno sbaglio che vi porterà ad avere una regressione nel cammino verso la vera conoscenza.

Ricordatevi che sarà come scalare una montagna: pian piano si sale, ma al primo errore di presunzione, in un solo attimo, si cade vertiginosamente giù e rialzarsi sarà più difficile. Quante volte abbiamo pensato di essere arrivati a un punto stabile e di essere sicuri di aver trovato il "centro di gravità" per poi ritrovarci il giorno dopo in una marea di dubbi e insoddisfazioni. Ciò non potrà succedere più, se non per vostra cosciente responsabilità.

Che cosa desiderate di più nella vita per essere felici: successo, salute, ricchezza, gioia, conoscenza? Tutto questo e altro vi sarà dato, seguendo con mente aperta e senza pregiudizi il cammino verso la conoscenza di se stessi. Nessuno vi chiederà di crederci a occhi chiusi, bensì al contrario, di sperimentare in autonomia il vostro cambiamento ed i vostri progressi.

Secondo la prospettiva del razionalismo, la credenza andrebbe limitata a ciò che è sostenibile tramite la logica, oppure all'evidenza dei fatti. Molte religioni riconoscono comunque nella ragione e nella logica un mezzo da affiancare alla fede per giungere alla verità (all'interno del cattolicesimo, ad esempio, l'enciclica *Fides et Ratio* esprime questo concetto, con tutti i limiti dettati dalla confessione stessa) con un ritorno alla filosofia di S. Agostino o di S. Tommaso D'Aquino che nella sua Summa Teologica indicò le cinque vie che dimostrano l'esistenza di Dio: causa, movimento, grado, contingenza, ecc., pur senza indicare il meccanismo scientifico.

Questa sarà la nostra posizione. Potrete dimostrare con un ragionamento logico e chiaro, ma soprattutto con i fatti, ciò che sperimenterete da soli nel segreto più assoluto.

Non è un caso che stiate leggendo questo libro, perché forse esprime il vostro desiderio di migliorare la vostra vita o di avere la certezza su Dio. I nostri antenati non avevano molto tempo, perché preoccupati del pane quotidiano, ma oggi, molti bisogni primari non sono più un problema (cibo, acqua, corrente elettrica, vestiario, saper leggere, comunicazione, indipendenza da false superstizioni, ecc.). Vi accorgerete che ci siete e siete unico e importante.

Nella **prima parte** del libro fisseremo i concetti basi per iniziare a crescere, nella **seconda** spiegheremo il ritorno a voi stessi e infine **nella terza parte** parleremo delle "leggi naturali" che governano lo Spirito, con un'appendice dove spiegheremo una basilare "esperienza olistica", per accelerare **il processo di consapevolezza di se stessi**, nel caso non ne abbiate una già collaudata.

I destinatari principali di questo corso sono i giovani e quelle persone che hanno l'estremo bisogno di emergere dal non-essere o dall'infelicità, ma è rivolto anche a chi già è avanzato per evitare di avere una ricaduta.

Assimilate bene quanto diremo fino a farlo vostro, ricordandovi che quando ri-troverete quel tesoro che è nascosto dentro voi stessi, di evitare l'errore di inorgoglirsi perché gli altri siamo noi ed esiste una Giustizia Divina ed un Ordine nel mondo e nell'Universo, impensabili per molti, prima d'ora.

Come Harry Potter, ognuno ha il dovere di cercare la personale "pietra filosofale"; ma non crediate che sia cosa facile perché questa perla è stata relegata da voi stessi dentro di voi, in un labirinto oscuro e ivi dimenticata ormai da molto tempo.

Questa disperata ricerca di ognuno di noi, questo immenso amore che sentiamo dentro, viene definita da S. Agostino "Nostalgia di Dio". Tutta la vostra vita, o quella sociale del progresso o regresso di una civiltà, ruota intorno al concetto della certezza di un Dio, o se volete, di una salda fede.

Quando viene a mancare una fede collettiva di un popolo, automaticamente ne consegue il suo declino. La storia dei popoli non è nient'altro che la storia della fede di quel popolo, così come la storia di ogni persona non sarà altro che la storia della sua fede o se volete in quello in cui ha creduto.

Ci sarà pur qualcosa che unisce Gesù, Freud, Einstein, Darwin, Petrarca, il Daily Lama, gli extraterresti, Platone e Aristotele, Eraclito e Parmenide, e via discorrendo che sarebbe a dire se esista una **risposta universale del concetto di Dio** che sia nello stesso tempo ordinatorio, panteistico e creazionista e quindi un Dio valevole in ogni luogo ed in ogni tempo nell'universo?

Renato e Pozzetto cantavano: ". Èèèèè la vita, la vita! È la vita l'è bela, l'è bela, **basta avere un ombrello**, un ombrello; si ripara la testa, sembra un giorno di festa". Noi vi daremo questo "Ombrello".

Mantenete una mente aperta, aprite il vostro cuore e la vostra speranza diventerà una certezza.

Spero che gli Dei non rideranno di me (Einstein).

CAPITOLO 1

LE PARTI DELL'UOMO

Fin dall'antichità si è intuito che l'uomo fosse formato da tre parti: **il corpo, la mente e l'anima**. Questa tripartizione è avallata dagli albori della civiltà, a cominciare dagli antichi Sumeri ed Egiziani, i quali parlavano dell'**Akh, del Ba e del Ka**, almeno una delle quali sopravviveva alla morte.

Nel corso dei millenni, tale concetto ha avuto un'evoluzione, come quella più suggestiva introdotta dalla psicologia con la famosa tripartizione dell'individuo in: **"corpo, io conscio ed io inconscio"**; per meglio dirla con Sigmund Freud in: **corpo, io conscio, super io, es**.; mentre nella tradizione orientale indù, yoghista e buddista, tale tripartizione viene classificata in **corpo fisico, corpo mentale, corpo energetico (e corpo dolore)**.

Stranamente, filosofi, esoterici, psicologi, umanisti, scienziati, mistici e religiosi, pur parlando della stessa cosa, sono entrati in competizione per l'egemonia sulla "verità acquisita", con fiumi di polemiche e biblioteche di libri per affermare la loro fondatezza a discapito delle altre. Non ci vuole una laurea per capire che esiste un unico e solo concetto a un fenomeno, sia pur spirituale, ma ad oggi nessuna disciplina ne ha formulata una valevole per tutti, per tutti i tempi e per ogni luogo, nonostante gli innumerevoli tentativi.

La confusione e le polemiche sono sorte principalmente perché le cose, volontariamente o involontariamente, non sono state chiamate con il loro vero nome.

Il filosofo inglese John Locke sosteneva l'inesistenza di Dio, motivando tale assunto per la presenza di una miriade di credenze religiose: <<se esistesse Dio>>, diceva, <<ci sarebbe un solo credo ed un solo Dio valevole per tutta l'umanità>>. Questa e la sfida che tenteremo di dipanare partendo dal basso.

Come ci ha insegnato il buon Galileo e Cartesio, una scienza per iniziare deve essere classificata, catalogata e semplificata, **ma soprattutto sperimentata**; conseguentemente (e non certo per confondere ulteriormente il pubblico), siamo costretti a trovare una sintesi logica, semplice e accettabile che esprima la **massima comprensione di Dio**, così come intesa dai primi detentori che ebbero il privilegio di raggiungere l'illuminazione, al fine di dissolvere **tutti i ragionevoli e legittimi dubbi** che allontanano le persone dalla verità, fino a renderli mezzi credenti o addirittura agnostici e atei, con buona ragione, stante la miriade di credenze miste ai tradizionali pregiudizi.

Daremo quindi una nuova nomenclatura alla citata triade dell'essere, **più vicina e più comprensibile alle persone**, con un *ritorno all'originale* significato insito della parola "Dio", in modo da mettere pace alle polemiche tra le suddette dottrine e renderla accettabile ed alla portata di tutti, persino ai non addetti ai lavori spirituali.

Eccezionalmente però aggiungeremo una quarta parte al nostro essere che normalmente **non dovrebbe esistere, ma che purtroppo c'è** ed è creata dalle persone non appena s'inseriscono nel tram tram della vita quotidiana dopo i ¾ anni. Nel prosieguo capirete come e perché.

Il nostro essere, quindi, è formato dalle seguenti quattro parti:

CORPO,   PENSIERO,   D'IO,   FALSO-IO.

L'INSIEME viene percepito da noi, con il proprio nome e con l'immagine di se stessi, per questo motivo entrambi sono molto importanti per ognuno.

Cosa sia **il corpo** è sotto gli occhi di tutti, esso non è altro che un insieme di atomi divinamente assemblati, visibile al mondo esterno; composto per come insegna la fisica dall'1% di materia e per circa il 99% di vuoto, che è lo spazio tra una particella atomica e l'altra e tra un atomo e l'altro, tenuto insieme da una forza ancora oggi sconosciuta, analogamente a quanto succede per l'intero cosmo.

Il **pensiero (Mente o corpo mentale) anche se** non visibile è percettibile quando pensiamo e quindi unanimemente accettato da tutti, in quanto identificabile con **l'io-pensante**, chiamato anche **ego cosciente** che gestisce la nostra volontà e ci permette di scegliere una strada invece di un'altra (c.d. Libero arbitrio).

Al contrario, molto ardua risulta la definizione della **terza parte** del nostro essere, **da noi chiamata D'io**, che è quella parte profondamente interiore, non visibile né percettibile, da millenni chiamata anche **anima**, **spirito soggettivo**, **inconscio, subconscio** (quest'ultimi si riferiscono alla memoria interna che è solo una parte del d'io interiore), **centro vitale, centro energetico, centro magnetico**, ecc.

Scoprirete che il vostro D'io interiore, corrisponde esattamente a quel "Regno di Dio" o "Regno del cielo" decritto in parabole dal più illuminato uomo calato sulla terra (Luca 17,20).

Capite adesso che la nomenclatura non sia poi tanto importante; quindi non stiamo scoprendo l'acqua calda, però l'importanza di semplificare e mettere ordine sul nome delle cose, facilita il percosso spirituale e la comprensione del mondo che ci circonda.

Qualcuno potrebbe chiedersi del perché cambiare il millenario nome filosofico e religioso dell'anima, o quello psicologico del subconscio, sostituendolo con il termine D'io?

Semplice: perché è la stessa miracolosa cosa.

L'italiano è la lingua più diretta e vicina al latino che per secoli ha assimilato in sé tutto lo scibile umano dell'antichità, compreso quello spirituale: dalla cultura degli Ittiti e Sumeri, ai faraoni Egiziani, fino a quella greca, tutto è stato assorbito nella cultura dei Romani, per cui è possibile sviscerarne il segreto insito nella parola stessa.

Gli italiani sono i più fortunati, perché a loro sarà più facile afferrare il senso di Dio, dovuto a una coincidenza formale e sostanziale nel nome stesso.

Se dividiamo le sillabe del termine latino **DEUS (De-us)**, da cui letteralmente deriva la parola **DIO**, avremo:

$$\textbf{De = Da} \qquad \textbf{Us = Noi,}$$

ossia letteralmente "**Da-Noi**" che reso al singolare diventa "**Da-Me**" e se personalizzato alla prima persona singolare diventa "**Da-Io**" quindi **D'io**.

Il "Mistero" del Deus degli antichi mistici romani, cristiani, egiziani, significava e significa semplicemente e letteralmente "D'io interiore". Anche gli antichi Greci con il termine "Theòs" non indicavano letteralmente il Dio stesso, bensì l'intervento dell'evento divino (*theîon* θεῖον).

Socrate che sentiva dentro una soave vocina che gli parlava, aveva intuito questa verità, associando l'io alla coscienza pensante, non intesa però come "Pensiero" o "Ego pensante", bensì come la profonda **coscienza interiore** che ci parla nel silenzio assoluto. Se riflettete, quando dite: <<la mia coscienza>>, vi accorgerete che non ci riferiamo al nostro io-pensante, bensì a qualcosa di più profondo e interiore, ovvero al nostro D'io interiore (o anima).

Ovviamente il significato intrinseco non venne e non viene svelato al grande pubblico, restando chiuso nella cerchia degli addetti ai lavori, principalmente religiosi e mistici di ogni epoca: è diventato un business di miliardi al giorno.

Questa sintesi della terza parte del nostro essere che propriamente è il centro "energetico spirituale" era il vero senso originario dei primi pionieri spirituali e delle religioni dell'antichità, nel tempo poi dimenticato, sia per l'assonanza fonetica, sia per mistificare il semplice concetto di Dio e tenerselo per sé.

Come esiste una trinità a livello personale (corpo, io-volontà, D'io), così esiste una trinità a livello cosmico (universo, Dio, Spirito Santo): **cosa sia l'universo ce lo dice la fisica, ma le altre due cosa sono?**

Il significato letterale della parola Dio deriva dalla radice etimologica ariana DIV che indica "luce" ossia "ciò che splende", da cui il latino Deus = dies = giorno, cioè la parte della giornata caratterizzata dalla luce che personalizzata a voi, diventa "la luce che avete dentro", ossia D'io.

Ora, se Dio è Luce e la Luce è Energia, vuol dire che Dio è Energia, un'energia diversa dall'elettro-magnetismo e che noi abbiamo definito <u>Energia elettro-spirituale</u>.

"**Elettro**" perché ha una componente di carica energetica <u>positiva e negativa</u> che in equilibrio sprigiona luce astrale; e "**Spirituale**" perché è una forma di energia leggerissima e più veloce della luce (comunque non minore), dalla scienza ufficiale già intuita ma non ancora classificata.

L' "**Energia elettro-spirituale**" è quella che convenzionalmente chiamiamo Dio in senso cosmico e D'io nel senso personale, è presente in ogni atomo dell'universo ed è collegata con tutti gli atomi dall'universo tramite le "**onde elettro-spirituali**" (o fibre) che sarebbe quello che noi comunemente chiamano "**Spirito Santo**", mentre gli orientali lo chiamano "**Prana**"; tenendo presente che il termine "spirituale" significa semplicemente "leggero", definito anche "divino e santo" perché positivo per l'evoluzione.

Queste tre mega-componenti del cosmo (**Energia elettro-spirituale - universo fisico - onde elettro-spirituali),** sono tra loro **strettamente interconnessi** e sono **espressione di tre visuali della stessa cosa**: il concetto può essere indicato con varie nomenclature che come al solito creano solo confusione, ma per completezza le indichiamo tutte nel seguente schema:

Energia elettro-spirituale	Universo Fisico	Onde elettro-spirituali
DIO	Natura (universo)	Spirito Santo
Padre creatore	Figlio creato	Spirito Santo
Energia e-spirit. Atomo	Atomo materiale	Onde e-spirit. Atomo
Mondo delle idee (Socrate)	Essere delle cose (Parmenide)	Forza del divenire (Eraclito)
Sostanza (e-s)	Forma delle cose (atto x Aristotele)	Potenza dell'atto

Per intenderci, dire la frase: <<Dio ha creato la natura e la modifica tramite lo Spirito Santo>> equivale a dire: <<Il Padre ha creato il Figlio che diviene tramite lo Spirito Santo>> che a sua volta equivale a dire: <<**l'Energia elettro-spirituale ha creato l'universo che lo trasforma tramite le onde elettro-spirituali**>>, che in ultimo corrisponde a ciò che dicono i filosofi, secondo i quali <<Il Mondo delle Idee creano le cose che mutano per la forza del divenire>>. Amplieremo il discorso nel prossimo capitolo.

Adesso restiamo nell'ambito del nostro **D'io personale** ed interiore.

A meno che siate già degli illuminati (che non significa essere eruditi), tenete presente che il vostro D'io interiore non è alla vostra portata, perché si

21

trova nel profondo del vostro inconscio. Voi **<u>non siete</u>** in contatto con esso perché l'avete dimenticato dopo i primi 2/5 anni di vita: praticamente nei primi anni di vita **<u>il vostro D'io interiore era conscio, ma crescendo l'avete dimenticato e quindi è diventato inconscio.</u>** Lo scopo principale di questo libro, sarà quello di rendervi consci di questo e di raggiungere la "completezza" della vostra trinità personale.

In altri termini, s'inizia ad avere consapevolezza del D'io interiore quando si verifica quello che in oriente viene chiamato **apertura del "Terzo Occhio"** che si trova all'interno del centro delle vostre sopraciglia, ma in sostanza possiamo dire che il D'io di cui stiamo parlando è la vostra **intima "Essenza", il vostro vero io, il vostro centro energetico spirituale**.

Dopo trovato la vostra essenza, non sarete ancora arrivati anche se avrete trovato già una felice stabilità, ma vi sarà un altro importante salto molto difficile da fare, perché sarà come saltare nel buio da una montagna. Potrete farlo solo se siete coraggiosi e impavidi, quasi pazzi direi, oppure facendovi accompagnare da un altro, così fece Dante che si fece accompagnare dal suo Maestro Virgilio per attraversare l'inferno. Voi potrete scegliere un'altra entità, sia esso Gesù, un angelo o un altro amore immacolato su cui nutrite piena fiducia: es. mamma. Senza questo passaggio avrete comunque una vita felice e tranquilla, liberi dalla paura.

Abbiate pazienza, perché intanto il primo passo l'avete fatto.

Per fugare ogni legittimo dubbio, va detto che il concetto del "D'io interiore" è chiaramente ribadito varie volte dal Maestro nel Vangelo: <<**Perché il Regno dei cieli è dentro di voi**>> (Luca: 17,20); <<**Non sapete che siete il tempio di Dio e che lo Spirito di Dio abita in voi?** >> (1° lettera ai Corinzi: 16-17); <<**Il regno di Dio è in mezzo a voi**>> (Mt: 19.20); <<**Il regno è dentro di voi ed è esterno a voi**>> *(apocrifo di S. Tommaso).*

Questi solo per indicare alcuni passaggi.

Questa forza miracolosa interiore, veniva "in privato" spiegata dal Maestro agli Apostoli, in modo che potessero capire e scacciare demoni, guarire persone, leggere le intenzione degli altri, fare miracoli in genere, **mentre in pubblico** usava le parabole, perché **udissero senza capire**; forse perché riteneva che i tempi non fossero maturi per una consapevolezza generalizzata, potendo tali poteri essere usati per fare del male e non del bene (Matteo, 4:10-13). Questo è stato il motivo del successo delle nuove religioni e non come diceva qualcuno ritenendole "l'oppio dei popoli" per accaparrarsi il loro consenso e tenerli soggiogati al loro potere, facendo leva sulla promessa di vita eterna alla gente impaurita dalla morte.

Più avanti chiariremo che è impossibile fare del male senza pagarne un prezzo, tanto maggiore se userete la vostra fede per attuarlo (Legge del contrappasso di Dante o Legge della compensazione debito/credito o semplicemente Karma).

Ma procediamo con calma.

Il concetto di Dio, non va assolutamente personificato o sessualizzato (antropomorfizzato, almeno per il momento), ma inteso come una potenza positiva di Energia Elettro-Spirituale Universale, oppure come una "Luce", con un richiamo generico alla filosofia neoplatonica di Plotino (Filosofo romano) che dall'Uno si sviluppa il Tutto; o di Fichte (filosofo tedesco), secondo il quale "Dio pone se stesso", pur se tali filosofie difettano sulle modalità di **come ciò possa avvenire in senso logico e concreto**, senza una base dove poter ricercare un'equazione matematica di Dio.

Per quelli che sono come il buon Bacone (filosofo Britannico) o come S. Tommaso, prove tangibili e concrete dell'esistenza dell'Anima (ossia del D'io interiore) non c'è ne sono, **altrimenti sarebbe troppo facile**; così come nessuno può dimostrare con prove concrete l'inconscio personale e collettivo, pur essendo accettato da tutti. Potremo averne consapevolezza non appena inizieremo ad avere dimestichezza con il nostro D'io interno che ci segue da quando siamo nati ed è il nostro più fidato "amico".

Comunque si tratta sempre di percezioni e sensazioni fuori dall'ordinario (extrasensoriali per i comuni mortali) che nel corso dei secoli è stato appannaggio anche di ciarlatani e sfruttatori che hanno millantato visioni inesistenti oppure d'illusionismo (ne parleremo in dettaglio nella **legge della non-sfida**). Sta di fatto che ogni persona, nel corso della sua vita, ha sperimentato delle c.d. "coincidenze di vita" senza farci troppa attenzione.

Il fatto che non vi siano prove visibili, non impedisce però di sperimentarne i poteri con il cambiamento della vostra vita. Infatti, soltanto coloro che si sono trovati faccia a faccia con essa, ne hanno dato testimonianza, ma questi per lo più non sono stati mai creduti e qualcuno ci ha rimesso la pelle: da Socrate, il giusto tra i giusti; a Gesù, il santo tra i santi; a Giordano Bruno, il libero tra i liberi; a Ghandi, il pacifico tra i pacifici; a Martin Luther King, il solidale tra i solidali, per citare i più famosi, ma anche Padre Pio o S. Francesco e molti altri furono osteggiati in tutti i modi, così come tantissime persone "non famose". Purtroppo lo sarete anche voi se rinascerete nella luce e tenterete di convincere i vostri amici o fratelli, i quali ne sanno sempre più di voi: fareste prima a dargli le fotocopie del libro ed aspettare che maturino da soli.

Nel secolo scorso si è tentato di fotografare l'evento morte con la camera ultrasensibile Kirlian (praticamente una camera fotografica collegata ad una sorgente ad alta tensione per scoprire l'aura delle cose), e si è notato come l'anima esca dal corpo dopo la morte fisica come un trasparente fiocco di luce (l'esperimento fu eseguito su un topo), proprio come si vede nel famoso film "Ghost".

Qualcosa del genere intuì Democrito, un famoso filosofo greco, il quale 2.500 a. f., prima di morire si fece mettere in una vasca piena di miele per rallentare e imprigionare questo fenomeno, in modo da poterlo osservare nell'ultimo respiro. Gli esperimenti della camera Kirlian sono stati liquidati in fretta e furia (attribuendo il fenomeno a un'emanazione fotoelettrica), invece di perfezionarla con la ricerca. Di essa non vi sono più tracce se non qualche accenno in alcuni libri grazie alla solita scienza dottrinale, la quale teme di perdere prestigio quando non riesce a spiegare l'inspiegabile. Pertanto non sapremo mai con certezza dove avrebbero portato quegli esperimenti. Ma questo non fa testo e neanche la prova provata dell'anima, ma l'abbiamo menzionata soltanto per indicare l'atteggiamento mentale della scienza.

L'aureola che vedete nei quadri dei santi, dipinti da Giotto e da Cimabue, a volte uguali ai ritratti orientali di due-tremila anni, non sono un'invenzione dei pittori dell'epoca, perché esiste in ognuno di noi in misura diversa e in ogni cosa: il guaio è che sono visibili solo ad alcuni.

Questo potrete sperimentarlo anche voi a tempo debito, anche se questo non è il fine e lo scopo del nostro discorso; anzi, sul punto, troverete sempre coloro che osteggeranno questi eventi affermando trattarsi di emanazioni del calore del corpo. Ma ciò non giustifica perché tale fenomeno sia visibile solo agli illuminati e non ai critici, tant'è che furono impressi nelle arti figurative di tutto il mondo in tempi remoti.

Questo è solo per avere un'idea. Soltanto quando arriverete a sperimentarli su voi stessi potrete giudicarne la veridicità: non sarà facile, ma neanche impossibile. Di certo abbiamo testimonianze di molti Santi e laici che sono stati visti a migliaia di km, pur non essendo mai usciti dal loro convento o da loro paese, a riprova che il distacco del proprio D'io dal corpo (ossia della propria anima) può avvenire anche durante la vita e non solo dopo l'ultimo respiro. Sono cose rare e la moltitudine che non vede e non sente, giustamente non può credervi col rischio di passare per un babbeo credulone. Per questo motivo la gente va sempre in cerca del santo/a o del medium per avere una prova dell'aldilà e per sapere come stanno i loro cari estinti, non sapendo che al loro interno hanno le potenzialità di verificarlo personalmente, anche se ci vorranno anni e molto allenamento e non sempre si ha la grazia di riceverla.

Migliaia di persone nel mondo hanno dichiarato che durante il coma o sotto anestesia, o addirittura dichiarate morte, sono ritornate in vita ed hanno raccontato il loro sdoppiamento dal corpo: tra questi ci sono stati anche bambini e addirittura neuropsichiatri, per cui non vi è motivo, per non dar loro una minima possibilità di credito.

Gli atei possono anche pensare che la storia dei Re Magi o della resurrezione del Cristo siano stati un abbellimento poetico del Vangelo per opera degli scrittori, ma è impensabile non dare credito al Maestro e a tutti gli illuminati, quando ci parlano di qualcosa di eccezionale all'interno di noi.

Questo è il primo tassello del nostro discorso. Chiarito che D'io si trova al nostro interno, noterete che semplicemente prendendone coscienza, **qualcosa è già cambiato dentro di voi**: avrete acquisito una stabilità e vi sentirete più sicuri e senza ansie inutili, ma soprattutto senza dover fare sedute di rilassamento o di yoga (peraltro utilissimi, ma lunghissimi, costosi e comunque assoggettati ad guru) semplicemente dicendo: <<Io credo nel mio D'io interiore>>.

Questo lo capirete meglio quando avrete la consapevolezza che noi siamo l'identica trinità che c'é nel cosmo, formato dalla stessa sostanza, ossia da:

io-pensante	D'io interiore	corpo

CHE TRADOTTO SAREBBE:

Io-pensante	Anima (religiosi e filosofi)	corpo
Io-conscio	inconscio (psicologi)	corpo

Corpo mentale	Corpo energetico (cultura orientale e new age)	corpo fisico
Io-pensante	Coscienza interiore (voce anima o di D'io)	corpo
Io-pensante	res cogitans Cartesio	res extensa

Dopo esservi illuminati e purificati, inizierete a sentire una vocina dolcissima al vostro interno che vi chiama con il vostro nome, così come la sentiva Socrate il quale dialogava con se stesso. Non abbiate paura perché è il vostro vero-io ed è la stessa che sentivate fino ai tre anni

Nel prossimo capitolo spiegheremo come agisce Dio e come fa a essere onnipotente e onnisciente.

CAPITOLO 2

ONDE ELETTRO-SPIRITUALI

Tutti sono bravi a insegnare ai loro bambini che esiste Dio e che questo è onnipotente, onnisciente e onnipresente. Insomma che tutto può, tutto sa ed è presente in ogni posto. Anche i più agguerriti materialisti o atomisti sentono che c'è qualcosa di straordinario in noi e nell'universo che non è solo "inconscio" soggettivo e collettivo.

Il guaio è che non tutti possono dare una risposta coerente ai loro figli, allorquando chiedono come faccia Dio a sapere tutto di noi. La maggioranza si arrampica sui vetri con risposte evasive, senza argomentare e senza prove concrete, mentre altri rimandano i figli dal sacerdote per saperne di più; il quale, a sua volta, se ne lava le mani dicendo loro che bisogna avere "Fede" e che sono "beati quelli che credono senza aver visto". Il che è vero, ma troppo generico.

Daremo una spiegazione quantomeno logica e comprensibile anche per i più piccoli, tenendo presente che il termine "**spirituale**" significa "leggero" o "soffio vitale" (dal greco πνεῦμα - pneuma), successivamente preso in prestito dalle religiosi successive.

Tutto ciò che noi **facciamo, vediamo, sentiamo e tutto ciò che pensiamo**, da quando siamo stati concepiti, è trasferito nel nostro D'io interiore (anima o inconscio: è uguale) e sul punto ce ne dà certezza anche la psicologia.

Questo **D'io** interiore è sempre e strettamente **connesso** ad una sorte di "Centrale" convenzionalmente chiamato "**Dio Universale**", attraverso le onde elettro-spirituali (c.d. "quanti" o "fibre" elettro-spirituali) che trasmettono automaticamente ad esso, tutto ciò che pensiamo, sentiamo, vediamo e facciamo, persino dal concepimento. Qualcuno si chiederà dove vengono trasferite queste onde elettro-spirituali? Tra poco lo diremo.

Il motivo per cui abbiamo coniato il termine più scientifico delle onde elettro-spirituali non è per protagonismo, ma semplicemente perché esprime meglio il concetto, anche se non del tutto corretto, trattandosi di onde simili alle onde elettromagnetiche o delle onde via etere, con le quali agiscono in armonia, ma su un piano **infinitesimale più leggero e veloce** di esse, con una potenza creativa ed evolutiva straordinaria.

Soprattutto l'abbiamo preferito perché dal punto di vista scientifico, possiamo prendere in considerazione una teoria dell' "**Energia Elettro-Spirituale**" (ossia di una energia leggerissima e magnetica), collegata all'universo tramite le **onde elettro-spirituali** (che in sostanza è lo stesso "**Spirito Santo**" di cui parla il Maestro), avente un fine benevolo verso l'evoluzione e per tal motivo viene chiamata anche **"Volontà di Dio",** anche se ci sfugge il perché.

Quando la scienza scoprirà l'equazione matematica di queste "onde elettro-spirituali", dovrà ammettere che queste erano già chiaramente conosciute dal Maestro e dagli altri illuminati, pur ignorandone la formula. Ogni persona le percepisce senza averne la piena consapevolezza, altrimenti non si spiegherebbe perché il mondo intero, civilizzato o meno, dalle religioni ai filosofi e persino alle arti, girano sempre intorno al concetto di Dio, il quale altro non è che la <<nostalgia del nostro vero D'io come traccia del Dio Universale>>.

Per spiegarlo in termini moderni **su come agiscono le onde elettro-spirituali, è come se ogni uomo avesse al suo interno un p.c. con un potente "wi-fi spirituale" sempre acceso, collegato con il Dio Universale.**

Questo personal computer spirituale (D'io interiore), ove tutto viene REGISTRATO fin dal suo concepimento, TRASFERISCE tramite le onde elettro-spirituali, al "SERVER SPIRITUALE UNIVERSALE", tutto ciò che si pensa, si vede e si fa. Questo passaggio immediato è confortato dalla psicologia che parla di una sincronia tra inconscio soggettivo, inconscio collettivo (Jung) e inconscio cosmico.

Il Dio universale, ossia l'Energia Elettro-Spirituale, è in ogni atomo dell'universo collegata tra loro tramite le onde elettro-spirituali (o se volete tramite lo Spirito Santo), per cui tutti i vostri pensieri e azioni, vengono registrati nella **memoria spirituale di ogni atomo** dell'universo e si propagano come delle onde prodotte da una pietra buttata nello stagno (ne parleremo meglio nella legge dell'attrazione).

Per i più specializzati, principalmente fisici, potremmo dire che ognuno di noi ha all'interno una potente "radio elettro-spirituale" al

"**Tachione**" (**che significa più veloce della luce**); **collegata costantemente con un "portale spirituale universale"**.

In altre parole, **siamo connessi a ogni singolo atomo dell'universo** nella dimensione spirituale tramite le onde elettro-spirituali. Ciò presuppone ovviamente che ogni atomo abbia anche una componente leggera come suggerisce la fisica (o spirituale) con una propria **intelligenza e memoria "atomica"**, così come l'universo abbia una intelligenza "cosmica", ovviamente **non "pensante"** per come la intendiamo noi, bensì automatica e necessariamente volta all'evoluzione benevole e non distruttiva, o comunque avente un suo "disegno" che essendo perfetto con leggi fisiche, possiamo definirlo "Divino". Certo chi è cristiano come me, potrà giustamente antropomorfizzare Dio, ma il risultato è uguale.

Sono concetti che pur logici, potremo averne consapevolezza **allorquando percepirete** e sentiate un albero come un fratello, oppure guardando la luna la sentiate come una sorella, fatta della **medesima essenza energetica-spirituale**, così come lo sentiva S. Francesco, ma facendo attenzione nel tentare di dimostrarlo o spiegarlo agli altri, per non essere presi per pazzi.

Esiste quindi una sorte di "**rete spirituale mondiale e universale**" ad ampio raggio. Per questo possiamo dire di essere **tutti fratelli** e ognuno ha titolo per dichiararsi rappresentante dell'umanità che tradotto in altri termini consiste nella **vera uguaglianza** tra le persone: un disabile soltanto perché si paragona con quelli c.d. sani, si è convinto di essere l'ultimo, ma appena aprirà le porte al suo D'io interiore ed alla luce, il suo essere si innalzerà oltre gli altri.

Questo concetto, corrisponde esattamente al c.d. panteismo, che vuol dire letteralmente "**Uno è Tutto**" e "**Tutto è Uno**". È questa diventerà la vostra **visione dell'universo**, per cui ogni cosa è permeata da una "**Unione indissolubile**" con un Dio immanente; per cui voi, la natura e l'universo sono la stessa cosa e sono equivalenti allo stesso principio di Dio.

Uno schema renderà chiaro quanto espresso:

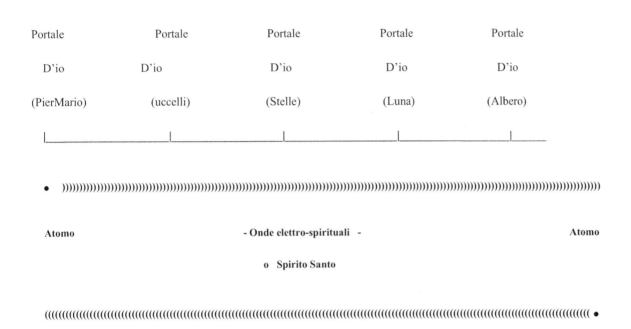

Per completezza di esposizione, diciamo subito che l'energia elettro-spirituale e le fibre elettro-spirituali sono diversamente denominate nella cultura mondiale, infatti:

- L'alchimista Robert Fludd la chiamava **spiritus;**
- Gli yogi da millenni la chiamano **prana;**
- Per i Polinesiani è **mana;**
- Per i Cinesi è il **qi;**
- In Giappone è il **ki**, o **rei-ki** (forza dell'universo);
- Ippocrate la chiamava **vis mediatrix naturae;**
- Per gli antichi Romani era **Spiritus;**
- Gli antichi greci ed in ultimo il medico greco **Galeno** di Pergamo la chiamavano **pneuma;**

- Il Maestro Hermes Trismegistos la menzionava come **telesma;**

- Per la kabala era **luce astrale;**

- Per gli esoteristi **fluido magnetico o vibrazioni;**

- Lo psichiatra Wilhelm Reich le diede il nome di **energia orgonica;**

- Parapsicologia e scienze di frontiera la indicano come **bioenergia;**

- E ancora nella mistica religiosa e nelle filosofie è stata collegata agli stessi concetti di **Spirito Santo; Luce**; **Dio**, **Natura**; **Principio Primo; ecc.**

- Infine, la scienza ufficiale ritiene sia l' **"effetto ondulatorio dell'atomo"**, tant'è vero che sta tentando di isolare la c.d. "particella di Dio" dell'atomo per scoprire l'origine della vita, che probabilmente sono le onde elettro-spirituali di cui abbiamo accennato.

Le onde elettro-spirituali sono così leggere e veloci che attraversano persino i fotoni della luce senza distorsioni e sono capaci di attraversare le galassie in una frazione infinitesimale di secondo, cosicché un atomo comunica con un'altro atomo anche a distanza di migliaia di Km come ci insegna la fisica: quello che succede nell'anima di una persona viene recepita immediatamente in tutto il globo spirituale e quello che succede nel nostro globo è assimilato immediatamente in tutto l'universo spirituale.

Questo è solo per avvertirvi che non è importante il nome con cui viene chiamato Dio, ma di averne coscienza personale ed universale, non solo religiosa ma anche logica-scientifica; cosicché quando troveranno la formula matematica del funzionamento delle onde elettro-spirituali, non verrà demolito quello in cui credete oggi, ma sarà la conferma di quello che gli illuminati ed in primis il Maestro, conoscevano già, anche se ne ignoravano la formula.

Quindi con il termine più tecnico di "fibre elettro-spirituali" abbiamo voluto mettere ordine alle cose per dare una **connotazione scientifica** al fenomeno naturale della spiritualità degli atomi e del cosmo, senza andare in contrasto con le moltitudini di credenze e della scienza, al fine di sapere a priori su cosa dovremmo cercare un'equazione, trattandosi sempre di un fenomeno elettrico-magnetico-leggero-dinamico, simile all'elettromagnetismo, ma di natura particolare, perché ultrasensibile, ultraleggero e più veloce della luce che tiene unito il vostro corpo come l'universo (che in sostanza significa capire l'origine della vita).

Ma soprattutto le onde elettro-spirituale (Spirito Santo) e l'energia elettro-spirituale (Dio) rendono inconsciamente più accettabile e credibile il concetto stesso di Spirito Santo, nonché meglio assimilabile dalla mente umana (essendo presente nella nostra società il funzionamento delle onde elettro-magnetiche).

Una fede per essere **vera fede** non deve avere alcun dubbio sul suo funzionamento, altrimenti diventa una **credenza a priori**, uguale a quella degli aborigeni d'Australia. Certo Kant resterà deluso nel sapere che anche la metafisica ha un postulato di fondamento sintetico a priori, da lui negato a malincuore perché non l'aveva individuato.

CAPITOLO 3

IL FALSO-IO

Abbiamo detto che ogni persona è formata da quattro parti, che sono:

CORPO; PENSIERO; D'IO; FALSO-IO.

La quarta parte del nostro essere è il **falso-io**, chiamata anche **"maschera"** oppure **"Ombra"** e definita in oriente **"Corpo Dolore"**.

In pratica, questi **sono** quattro aspetti della stessa cosa.

Il falso-io è l'errata decisione intenzionale contro l'etica (esempio: contro la legge dell'umiltà, del perdono ecc.); **la maschera** è la falsa personalità che vogliamo mostrare agli altri; **l'Ombra o Lato Oscuro** invece è il **motore negativo** all'interno di ognuno di noi che "tenta" di convincervi a essere falsi e ingiusti; infine, **il "corpo dolore"** è la conseguenza, ovvero il risultato che vi procurerà nella vita l'aver ceduto alla tentazione della vostra "ombra" che si tradurrà in angosce, insoddisfazioni, infelicità e sfiga.

L'Ombra non si può annullare completamente ma bisogna relegarla sotto il controllo del vostro D'io che è la vostra vera luce.

 La *Clessidra rappresenta lo scarico delle ombre-negatività sotto il controllo della luce per ottenere l'equilibrio dell' energia elettro-spirituale tra D'io e Ombra (tra Yin e Yang visto che i cinesi vanno di moda oggi).*

TAO = EQUILIBRIO TRA LUCE ED OMBRA

Anche qui non è importante la nomenclatura, l'essenziale è saper distinguere le parti del nostro essere e decidere dove stare: o di qua o di là: nel vero-io o nel falso-io, non si può **"servire Dio e mammona"** contemporaneamente (Maestro).

Il falso-io, in verità non esiste alla nascita e normalmente non dovrebbe esistere neanche dopo (al massimo possiamo accettare che venga contaminato dai pensieri e dall'animo della madre durante la gestazione), **ma purtroppo c'è, ed è quella parte di noi che abbiamo innalzato diventando adulti per**

fronteggiare e conformarci alla società alienata e priva di valori (sia essa famiglia, scuola, chiesa, amici, lavoro, politica, ambienti mafiosi ecc.).

La maschera peraltro è la parte visibile ed esterna che vediamo, essa è l'esternazione della c.d. "OMBRA" o "LATO OSCURO" che alberga in ognuno di noi. Siamo ripetitivi, lo so, ma sono concetti da assimilare bene per prenderne coscienza e vincere noi stessi.

Se non vi sentite completamente liberi interiormente, la colpa è del vostro **falso-io** che è un miscuglio di varie paure e preconcetti errati che si sono creati crescendo. Dopo la scissione del vostro io-pensante dal vostro **D'io** interiore, si è creata una dualità all'interno di voi per cui siete diventati **l'arbitro di voi stessi** tra le due "pulsioni" interne: la vostra "**ombra**" vi spinge **verso la terra** portandovi a vostra insaputa angosce e insoddisfazioni; viceversa il vostro **D'io interiore** vi spinge **verso il cielo** portandovi gioia, soddisfazioni e alla completezza del vostro essere.

Il nostro falso-io, VIENE CREATO DA NOI STESSI A NOSTRA INSAPUTA e nasce dalle prime esperienze negative e dalle paure che altri ci hanno inculcato relegandoci all'incertezza del proprio essere. Ogni bambino pur essendo una trinità senza falso-io (la sua ombra è relegata al suo posto), non ha consapevolezza del proprio D'io interiore perché pensa che anche gli adulti siano integri come lui. A sua insaputa, pian piano, l'ingenuo bambino disgregherà la sua parte migliore per conformarsi all'errata educazione della società in genere, sia essa familiare, degli amici, della politica, degli ambienti delinquentosi ecc, fino ad allontanarsi dal vero se stesso. Ognuno di noi adulti c'è passato.

Il vostro Lato Oscuro sa benissimo come rendervi più deboli e facendo leva sui cinque sensi, tenta di allontanarvi dalla Luce e dalle cose che l'Ombra stessa teme di più. Pertanto è importante sapere quali sono le **paure del "falso-io"** su cui fa leva per tenervi prigionieri.

La vostra "ombra" vuole costantemente emergere nel vostro io-pensante per dominarvi, ma per farlo deve rendervi più deboli allontanandovi dalle cose di cui essa ha paura, ossia:

1) dal silenzio;

2) dalla conoscenza, la curiosità di scoprire;

3) dalla Luce;

4) dal tempo che scorre;

5) dalla vita, col pensiero della morte;

6) dal lavoro;

7) dalla libertà

8) dall'amore;

9) dalla preghiera;

10)   e dalla gratitudine.

Se amate il silenzio; se siete curiosi di conoscere voi stessi e gli altri anche attraverso la letteratura e le arti; se amate la luce e siete indifferenti al tempo che passa; se non siete preoccupati della morte e amate la vita; **se non disdegnate il lavoro**; se siete amanti della libertà degli altri; se fate del bene con umiltà di cuore e senza ostentazioni; se pregate e ringraziate il vostro D'io, posso dirvi che siete messi bene e avete già una base di partenza per avanzare ulteriormente.

Sappiate che il vostro "Vero-io" ossia il vostro D'io interiore, è il vostro vero "Eroe" all'interno di voi e NON HA PAURA:

1) del silenzio perché parla attraverso la quiete;

2) non ha paura della conoscenza perché è la strada per la consapevolezza;

3) non ha paura della morte perché non sa cosa sia, essendo di natura immutabile ed immortale;

4) non ha paura della Luce perché è la sua linfa di vita;

5) non ha paura del tempo perché non sa cosa sia, vivendo in uno spazio/tempo eterno ed infinito;

6) non teme il lavoro perché è consapevole della sua missione e dell'utilità sociale e nobile della sua attività;

7) non ha paura della libertà degli altri perché è l'espressione della propria;

8) non ha paura dell'amore perché è la sua missione di vita;

9) non ha paura delle preghiere perché non aspetta altro da voi;

10) non ha paura della gratitudine perché con essa D'io si illumina.

Scopo ultimo di questo libro è quello di eliminare le nostre maschere e quindi le nostre paure e quindi il nostro falso-io. Non sarà facile perché il falso-io vi ha convinto di essere il vostro "vero io", **ma neanche difficile perché alla fine non esiste.** Ritrovare il vostro "vero io" vi permetterà di essere consapevoli e felici di essere voi stessi, a prescindere dalla vostra condizione economica, età o condizione fisica: <<**non accumulate tesori sulla terra, ma cercate principalmente il regno di Dio, dove né tignola o ruggine esistono**>> diceva il Maestro.

Scoprirete la vera felicità quando **non sarete più felicità-dipendenti (ricerca affannosa della felicità), ma sarete felici di essere e basta: ciò vi porterà automaticamente felicità, abbondanza e soddisfazioni** che tradotto significa che la vera furbizia consiste nel non fare i furbi.

Posso anticiparvi che, se ancora non l'avete fatto, quando prenderete coscienza del vostro D'io interiore scoppierete in un pianto di liberazione.

Leggete il Vangelo alla luce di quanto apprendete in queste pagine, senza tramutarvi in bigotti insignificanti, ma appena noterete nella lettura delle cose astruse e fantasiose, smettete di leggere e riprendete questo libro di nuovo per rendervi più forti e consapevoli allorquando rileggerete il messaggio del Maestro. In ogni caso, sappiate che man mano **vi trascriverò per la vostra maturazione** tutti i passaggi essenziali e più significativi del Maestro (tutto il resto potrebbe confondervi è tramutarsi in fumo negli occhi per non capire).

Il "falso io" è sinonimo della c.d. "maschera" ed inizia ad inserirsi pian piano nella personalità dei bambini, tramite la paura e la vergogna, dopo i 3 anni circa, quando comincia ad utilizzare i cinque sensi fino a diventare dominanti dopo gli 8 anni che produrranno un aumento delle **oscillazioni cerebrali,** come spiegheremo in un capitolo a parte.

L'ambiente in cui vive è determinante e non si tratta di povertà o ricchezza, ma di ambiente ricco di ideali e di equilibrio, correttezza ed armonia: la famosa serie televisiva "Una casa nella prateria" né è una ideale conferma. Se chiedeste a una ricca miliardaria se avesse voluto vivere idealmente la sua infanzia, amata e felice con i suoi genitori pieni di "valori" nella casa della prateria, oppure nella sua lussuosa villa senza amore e con due genitori che litigavano, la risposta se sincera non può essere che una. Al contrario la povera "cenerentola" che sogna di scappare da casa dove non è amata e apprezzata, o magari crede che la felicità siano i soldi, spera di trovare il riccone con cui sposarsi e vivere felice e contenta, anche se con 40 anni di più, pensando che il gioco valga la candela.

Quindi non si tratta di essere ricchi o meno, ma di creare un'armonia familiare all'interno della propria casa che è la cosa più difficile al mondo, ma se la coppia condividerà questi principi prima di sposarsi, avrà più possibilità di riuscirci.

Essa, la maschera, si radica così forte nella persona che alla fine ne diventa tutt'uno, per cui mentre nei primi anni di vita ogni bambino è pieno di gioia, agisce con ingenuità e buona fede, in perfetta correttezza secondo un istinto interiore, dopo i 3/4 anni ogni evento comincia ad essere filtrato da fattori esterni, in primis dal demone della "vergogna" e della "furbizia", arrivando in età adulta a perdere la gioia di essere. Non a caso la c.d. civiltà umana è nata nel momento in cui ha percepito la vergogna: <<Chi ti ha detto che sei nudo?>> disse Dio ad Adamo che si nascondeva perché nudo. Gli animali sono tutti nudi e nessuno si vergogna.

S'inizia con piccole bugie per proteggersi dai divieti dei grandi, dai quali capiscono subito che sono diversi da quel che pensavano. Divenuto adulto, quell'ingenuo bambino è un'altra cosa, perché ha acquisito già a 12 anni, una carrellata di mistificazioni e falsi-valori per compiacere la famiglia, gli amici, la religione, la politica, gli ambienti delinquentosi ed in età adulta anche l'amore per l'altra. Lo stesso soggetto si comporterà a seconda dell'ambiente dove si trova, assumendo e cambiando, anche diverse volte al giorno, la propria maschera, ossia la propria personalità, diventando "uno, nessuno, centomila" (Pirandello).

Ognuno di noi, agendo con diversi stili di vita, seguendo falsi ideali, diventerà dipendente del consumismo e del Dio denaro, per tuffarsi nel conformismo e nell'accettazione del "branco", sottomettendo la propria dignità al potente di turno, per poi finire la giornata a rimuginare sugli sbagli e a sparlare dei suoi padroni, della società ingiusta e dei politici, **per poi scagliarsi a sua volta contro quelli a lui disponibili**, sia essa la moglie o il marito, il suo dipendente, il figlio, l'alunno, il padre, la madre, gli utenti-cittadini (delizia dei dipendenti pubblici), gli avversari politici e in ultimo anche contro se stesso.

Comunemente si crede che possedendo le stesse cose degli altri; o peggio conformarsi al modo comune di pensare, si possa raggiungere la felicità secondo il principio consolidato del "mal comune mezzo gaudio".

Si creano una serie di **false apparenze** del proprio essere che alla fine non riesce a capire chi sia veramente "Lui" tra tutte quelle interpretazioni. Molte donne s'illudono che confessarsi la domenica senza cambiare veramente dentro, possa portare qualche giovamento; non a caso si dice che le donne ne sanno una più del diavolo, ma con il vantaggio innato di essere pazienti e non frettolose che è la qualità essenziale per vincere a scacchi. Se mettessimo sotto una "tac spirituale" le persone che frequentano una religione o una massoneria, noteremmo che i lupi sono in maggioranza rispetto alle pecorelle.

Il Maestro ammoniva i discepoli dicendogli: <<se voi non vi convertite e non diventate come i fanciulli, non entrerete nel regno dei cieli>> (Matteo 18.03). Il vostro regno dei cieli altro non è che il vostro D'io interiore, da cui involontariamente o incautamente vi siete allontanati, dimenticandoci di esso e di come eravamo prima.

L'uomo è l'unico essere sulla Terra ad avere il c.d. libero arbitrio, cioè la facoltà di scegliere tra il bene e il male: la creatura evoluta su cui la volontà di Dio si è compiaciuta (intesa come Energia elettro-spirituale benevola); da ciò presumiamo che idealmente prima dell'incauto gesto di Adamo, l'uomo fosse rivolto solo al bene (su questo non ci scommetterei), così come **gli animali non fanno del male o del bullismo di proposito ai simili,** ma attuano ciò che è bene per loro, lottando aspramente per la vita e accettando passivamente la morte.

Ogni cosa nel mondo ha una componente DAIMONICA, può essere usata per il bene o per il male. Il fuoco è un bene se serve per cuocere i cibi o per riscaldarci ma diventa un male se incendia un bosco o una casa. Il mare è bellissimo se serve per fare il bagno, ma è negativo se affonda una nave in una tempesta; UNA PERSONA è un bene se serve alla vita e alla comunità, diventa un male se danneggia se stesso, gli altri o l'ambiente.

Gli antichi greci ed egiziani indicavano questa dualità delle cose con il termine DAIMON, precisando che vi è in ognuno di noi un lato "Oscuro" ed un altro di "Luce"; o per meglio dire: da un lato negativo ed un altro positivo (Yin e Yang come lo chiamano gli orientali).

Tale concetto è espresso anche nel Tao cinese, anche se noi preferiamo la clessidra che specifica meglio il concetto, ossia che ci sia un'eterna, essenziale e fondamentale forza spirituale in "equilibrio" che scorre perennemente attraverso tutta la materia dell'universo è questa forza è Dio, o meglio l'Energia elettro-Spirituale che agisce tramite le "onde elettro-spirituali".

Appena nati la nostra clessidra si trova in perfetta armonia essendo nella parte superiore libera e piena di luce e nella parte inferiore nera. In età adulta, per tutti i fattori che abbiamo delineato, la zavorra che è sotto (l'Ombra) sale sopra a nostra insaputa.

Contrariamente alla legge fisica, in età adulta, progressivamente releghiamo la luce (il nostro D'io) nella parte inferiore della clessidra e, contro natura, facciamo risalire **sopra** la nostra "Ombra" il nostro falso-io: chiamato anche DEMONE o LATO OSCURO, dimenticandoci del nostro vero-io.

<<Se dunque **la luce che è in te diventa tenebra**, quanto grandi saranno le tenebre?>> (Matteo cap. 6, versi 22-23).

Quando aprirete il vostro "terzo occhio" e avrete consapevolezza del vostro D'io interiore, dovremo saltare nel buio più buio, pericolosissimo da fare senza essere accompagnati da una guida di vostra fiducia, così come fece Dante, perché potreste non ritornare indietro e rimanere pazzi con le rotelle fuori posto. Ma questo pericolo è scongiurato se camminerete nella luce e seguirete le leggi universali dello Spirito, pomposamente chiamate "Etica" dal filosofo Aristotele in poi e di cui parleremo in prosieguo.

Paradossalmente, la nostra luce è oscurata dall'ombra creata dal nostro falso-io. Immaginate un cerchio di luce al centro, circondato da un'ombra all'esterno. Il nostro obiettivo è portare il centro di luce all'esterno e lasciare il "buco nero" all'interno, sotto il governo della Luce per consentire il buon funzionamento del nostro Daimon positivo.

Come nella legge fisica, l'attrito ferma la velocità degli oggetti; così inversamente l'ombra blocca la luce interiore. Questo processo chiamata anche **"battaglia di liberazione"** e potrete farla quando sarete forti spiritualmente con una salda fede e sempre accompagnati interiormente da qualcuno di vostra fiducia (Gesù, Angelo, Madonna, Dio, Virgilio, Santo; mamma, padre ecc.).

Persino il maestro sperimenta e parla del lato oscuro durante la meditazione nel deserto per 40 giorni, per prepararsi al suo compito nel mondo, dove fu tentato dal demonio (Ombra) al quale comandò: <<vada retro satana>>. Satana deriva dal greco "Diaballa" che letteralmente significa **colui che divide o separa** e si manifesta come scoraggiamento, paura, sfiducia ed ansia. Per eliminarlo basta ripetersi con decisione: IO CREDO NEL MIO D'IO e semmai non notate cambiamento, allora concentratevi anche sulla luce e sul segno positivo dell'addizione (+) o della croce se volete: è uguale.

Dopo averla fatta salire, l'ombra prende il posto del vostro D'io nelle vostre decisioni ed inizia un conflitto tra la Luce del vostro D'io e l'Ombra, in una continua lotta tra il bene e il male, per accaparrarsi l'egemonia del nostro "io pensante" c.d. ego. Quello che voi credete di decidere, in effetti viene deciso nella lotta al vostro interno, così ad esempio se vedete una borsa piena di soldi abbandonata, al vostro interno in una frazione di attimo avviene una lotta e se vi viene in mente il pensiero **"la prendo così risolverò tutti i miei problemi"** vuol dire che nel vostro interno ha vinto la vostra ombra e contemporaneamente vi trasmette quel pensiero facendovi venire anche l'acquolina in bocca. Lo stesso si può dire se la fidanzata "ombrosa o scurata" del vostro amico vi lancia segnali provocatori.

Il vostro D'io cerca di mantenervi integri e non farvi perdere il vostro vero io, mentre l'Ombra cerca di alimentare il vostro falso-io. Insomma, siamo come delle ingenue verginelle alla mercé dell'Ombra: questa è la nostra natura ed ecco perché le donne soffrono di più per la delusione del primo amore a cui avevano dato tutto, rimproverandosi di aver creduto e dato il proprio D'io o la propria anima ad altri che non meritavano, diventando ciniche nel corso della loro vita: per questo motivo il c.d. "primo amore", anche casuale, non si scorda mai. Anzi, inconsciamente, le donne rimproverano anche il marito meritevole con cui vivono da una vita, per averle strappato o rubato qualcosa che ritenevano la loro "integrità".

Il miglior modo per capire le donne e quello di non tentare di capirle perché vogliono essere capite senza essere scoperte: è una battaglia persa all'origine e su questo ce ne dà conferma Fiorella Mannoia nella sua favolosa poesia cantata che definisce le donne "dolcemente complicate" avvertendoci di "lasciar stare" a tentare di capirle. Solo il padre buono e autorevole può riuscirci fino a una certa età e superata la tempesta degli ormoni dopo una certa età, ma solo perché la donna volontariamente gli perdona tutto, tranne che abbia approfittato di lei o di averla preferita alla sorella, in tal caso subentra un odio-amore autodistruttivo (il più delle volte è solo un'impressione della figlia, senza fondamento).

Capite bene che il comando del vostro "io" è nelle vostre mani, nel vostro "Ego", solo a voi spetta la decisione se accogliere il vostro D'io che porta gioia e felicità, oppure l'Ombra che porta ansia ed infelicità.

Questa battaglia per ritrovare il proprio D'io interno, viene descritta da uno dei maggiori psicologi della storia, come la "battaglia di liberazione" (Jung). La moltitudine trova un'enorme difficoltà a liberarsi dalla sua maschera e della sua zavorra, perché non avendo mezzi facili per farlo, si lasciano trasportare di qua o di là, spinti da un'inutile furbizia senza una metà, aspettando la morte insipidamente che arriverà prima o poi.

Questa dualità, dovrebbe essere per voi già un ricordo, perché se accettate e credete nel vostro D'io interiore, in automatico tutte le vostre ansie si placheranno come d'incanto; ma se ancora dovessero persistere, voi persistete nel credere al vostro vero io. Non è un grande sforzo o sacrificio da fare, ma il problema è la dimenticanza e la saccenteria.

Per concludere, sappiate che il nostro falso-io, sobillato dall'Ombra ci attrae verso la terra con falsi-valori e falsi-ideali materiali; al contrario il vostro vero io (D'io interiore) o il bambino che c'e in voi relegato nelle profondità, appena ritrovato vi spingerà verso l'alto: verso il cielo.

Arrivati a questo punto, sembra chiaro che per spiegare ogni realtà e ogni evento che in filosofia viene chiamato "essere" che è ciò che è ed il suo contrario non può essere perché non esiste, vuol dire che **ogni cosa è l'EQUILIBRIO CONDENSATO DÌ "ENERGIA ELETTRO SPIRITUALE" (o di Dio se volete) che in quel dato momento prende quella "forma", la quale "diviene" altra cosa per sollecitazione delle onde elettro-spirituali e può "trasformarsi" in altra cosa per una causa efficiente esterna naturale o umana.**

Questa definizione significa che un uovo (che è un condensato di energia elettro-spirituale già divenuto) **diviene** un pulcino perché negli atomi dell'uovo sono memorizzati e codificati a priori cosa deve divenire; ma l'uovo può **trasformarsi** in una frittata per una causa efficiente esterna, se l'uomo decide di farci una frittata.

Allo stesso modo, un marmo resta ciò che è divenuto in quel momento, ma potrebbe trasformarsi in una statua per causa efficiente esterna se l'artista decide di farci una statua (ma il marmo potrebbe divenire in modo naturale in qualcos'altro in milioni di anni: ad esempio terra o un diamante).

Eraclito e Parmenide, Platone e Aristotele hanno descritto la stessa cosa ma da quattro angolazioni diverse, per cui la loro apparente dicotomia è derivata dal non tenere distinti i due concetti del "divenire" e del "trasformarsi" in una visione universale, perché il **divenire** è un fattore naturale e spontaneo nel senso che è la "memoria o codice spirituale dell'atomo" che determina cosa diverrà quella cosa, così Platone e Socrate hanno ragione nel dire che l'essere delle cose viene dal "mondo delle idee" (che è la stessa cosa dell'Energia elettro-spirituale o Dio), laddove Aristotele vede il problema dell'essere dal punto di vista materiale della "trasformazione" ed ha ragione nel dire che l'essere delle cose si "trasformano" in altre cose per atto-potenza e per una "causa efficiente". Eraclito ha ragione nel dire che dal contrasto positivo-negativo nasce l'armonia delle cose (Caos), così come Parmenide (o Spinoza) dice il vero quando sostiene che è "l'essere" (ossia l'energia elettro-spirituale immutabile, eterna, ingenerata, completa ecc.) a determinare la materializzazione.

L'unico difetto che hanno è che vedono il problema da un solo punto di vista e non nell'interezza, laddove invece noi consideriamo l'essere nella sua interezza visibile-invisibile, materiale-spirituale con **l'interconnessione** tra questi due mondi diversi uniti ed inseparabili, tramite le onde elettro-spirituali (o Spirito Santo è uguale).

Quindi, ognuno è il centro dell'Universo, o se volete la torre di guardia, dove **la volontà** è l'intenzione di emettere onde elettro-spirituali per modificare la realtà; **il pensiero e le emozioni** sono il mezzo per sprigionare onde elettro-spirituali; **il "Libero arbitrio"** è la facoltà umana di scegliere onde elettro-spirituali positive o negative a proprio piacimento; **La fede** è la convinzione di credere che la potenza infinita del vostro D'io interiore **esaudisca** il vostro pensiero-desiderio; infine, la "**scala della fede**" è la misura della vostra fede proporzionata alla vostra convinzione di crederci, la quale a sua volta è proporzionata alla vostra illuminazione e al vostro grado di umiltà.

È ovvio che il titolo di **"Re della Fede"** spetta al Maestro avendo avuto questi una fede così salda da veder esaudito il suo desiderio nell'immediatezza, come quando disse al vento di placarsi ed immediatamente si placò, o quando disse all'infermo: <<Alzati e cammina!>> e questi si alzò ; ecc.

Con quale animo e quale coraggio, persone insignificanti, a volte erudite, denigrano e screditano quel buon uomo, il quale, vero o no che sia risorto per gli atei, è stato comunque disposto a mettersi sulla croce ingiustamente per affermare la verità di quanto diceva. Peraltro questi insensati che sparlano del Maestro anche sui social, non soccorrerebbero neanche se ti vedessero dolorante a terra.

L'Ombra non ha limiti.

Quando eliminerete il vostro falso-io, sperimenterete la vostra "inclusione", ossia la vostra appartenenza all'umanità e all'universo, sentendovi accolti, ma ciò avviene facendo quello che gli antichi chiamavano "esperienza catarchica".

CAPITOLO 4

L'ESPERIENZA CATARCHICA

L'esperienza CATARCHICA è detta anche CATABASI.

Chi non ricorda la storia del dott. Jekyll e il suo alter ego Mr. Hyde? Per questo motivo Dante, dovette attraversare prima l'inferno (il lato oscuro o demone) prima di approdare in Purgatorio e poi in Paradiso. Parimenti lo stesso Peter Pan dovette affrontare capitan Uncino per ricordare se stesso quando era bambino.

Così fece Enea per i Latini; Gesù per i cristiani; Polluce, Orfeo, Ercole e Ulisse per i greci; Inanna per i Sumeri-Babilonesi; Kessi per gli Ittita; Xoloti per i Messicani, gli Egiziani ne ebbero a bizzeffe; ecc. Questi esempi di dominio pubblico, sono indicati per far comprendere come questo fenomeno abbia radici in tutte le civiltà.

Queste battaglie le potrete vincere senza restarne sopraffatti, semplicemente acquisendo consapevolezza del vostro D'io interiore.

La battaglia che dovrete affrontare per ritrovare il vostro Daimon positivo, cioè il vostro D'io interiore, non è facile perchè v'è bisogno di una preparazione ed un'auto-protezione per non restarne intrappolati. Ma già il fatto che adesso siete sicuri di avere il vostro D'io interiore, sarete più forti.

La vostra illuminazione è già iniziata, tutto avverrà in modo spontaneo e naturale, ma bisognerà avere perseveranza per la fase successiva.

Voi, per il momento potete solo controllare e dominare la vostra mente con pensieri positivi, potete perdonare voi stessi e gli altri, ma soprattutto chiedere perdono al vostro D'io interiore che vi ama più di quanto pensiate, essendo il vostro vero io, per gli sbagli del vostro falso-io sulla spinta della vostra Ombra.

Cercare di essere generosi nelle vostre possibilità e immaginare di camminare sempre nella luce (che è già tantissimo); ma principalmente rilassatevi e meditate per riprogrammare la vostra vita, proprio come fate con il vostro p.c. quando è pieno di virus, ripristinando tramite le meditazioni i nuovi "file" delle leggi naturali del vostro spirito (che in modo elementare v'illustreremo in seguito).

Solo in tal modo otterrete tutti i benefici che volete. Ora non avete più bisogno di null'altro perché tutto vi sarà dato, basterà chiederlo al vostro D'io interiore che è collegato a tutto l'universo, purché non danneggiate gli altri. Se anelate a un posto di lavoro, dovete desiderare lavorare in quel settore, ma se desiderate invidiosamente il posto occupato da altri meritevolmente, allora ne avrete disgrazie. Una cosa è voler far crescere la propria azienda, altra cosa è volere il fallimento della concorrente. Una cosa è licenziare per evitare il fallimento, altra cosa è licenziare per aumentare guadagni già esistenti.

Chissà quante volte avete sperimentato questa battaglia nei vostri sogni notturni, magari trovandosi a faccia a faccia con dei mostri o dei serpenti che volevano prendervi e che non avete avuto il coraggio di affrontarli per paura, svegliandovi di soprassalto: questa è la lotta tra il bene e il male. Molti nel sonno per la paura non hanno resistito e sono collassati. Quindi munitevi delle protezioni del vostro D'io e della luce. Questi sogni sono comuni a tutti e non si tratta solo di aver visto film d'orrore, da cui l'ombra prende spunto. Vengono persino ai bambini che tante volte li vediamo nel letto fare movimenti spasmodici mentre sognano.

Ci sono persone che soffrono d'insonnia per questo. Prima di addormentarvi **fatevi coraggio** e proponetevi di essere coraggiosi e forti per affrontare quel mostro o serpente che dovreste sognare di notte, perché esso ha paura di voi e comunque non esiste: è solo l'espressione della vostra ombra o paura, quindi ordinate alla vostra Ombra di non disturbarvi più, perché il vostro vero-io è il vostro D'io lucente che è dentro di voi, mentre l'io-volontà è solo l'esecutore/arbitro di ciò che viene trasmesso da dentro.

State tranquilli non vi succederà nulla perché se avrete dimestichezza con il vostro D'io, nel sogno vi sentirete presenti e potrete riempirvi di luce e prendere la ferma decisione di affrontarli ordinandogli severamente di sparire. Rincorretelo nel sogno senza scappare e se ritenete fatevi il segno della croce e ditegli di sparire nel nome di Gesù o nel nome di Dio. Alla fine questi mostri irreali che sognate scapperanno con la coda tra le gambe: questa sarà la vostra prima vittoria di liberazione.

L'Ombra chiamatela come volete: demonio, lato oscuro, satana, daimon negativo ma il nome che si addice di più è: PAURA. Ogni paura o timore sperimentata nella vostra vita ha alimentato quest'ombra, anche con qualunque azione o pensiero disprezzante fatto alle divinità oppure diretto ad altre persone. La conseguenza è stata che l'ombra ingrossandosi è diventata così forte da prendere il sopravvento sulla vostra vita per ogni evento, in modo subdolo e senza che voi ve ne accorgiate. Come succede nel singolo così succede nel globo e nel cosmo perché anche lì c'è una battaglia su una dimensione collettiva e cosmica tra la luce e il lato oscuro (la favola del principe Fahrat contro Egokhan lo spiega meglio).

Quando pensiamo o agiamo male, è questa la forza dell'oscurità che ha preso la decisione di farvi agire in tal modo e non il vostro vero D'io. Voi credete di pensare liberamente invece siete condizionati dall'Ombra che è dentro voi stessi. Ciò non dipende dalle vostre condizioni economiche o fisiche o dall'età. Un erudito, pur colto può essere invaso dalla forza oscura del suo "daimon negativo", costringendolo a mettersi una serie di maschere, laddove un pastorello potrebbe camminare nella luce ed essere vino e pane, come si dice nel gergo popolare. Il Maestro rivelò la necessità di questa decisione, quando disse: <<il tuo si, sia si ed il tuo no, sia no>> senza aggiungere fronzoli.

Da qui la necessità per voi di attuare una "rivoluzione interiore", non solo per avere successo, ma anche per impedire di ingrossare ulteriormente la vostra ombra che alimenta la vostra paura, costringendovi a sbagliare continuamente, tenendovi prigionieri delle vostre false **emozioni** che pensate siano essere un tutt'uno con voi: odio, rabbia, invidia, gelosia, falso orgoglio, vittimismo, egoismo ed a volte persino l'amore servile per l'altra (l'amore per amore è un'altra cosa), **sono le armi migliori dell'ombra per tenervi prigionieri**.

Questa situazione è conosciuta dai tempi più antichi e Platone ce la spiega dettagliatamente nel suo "Mito della caverna".

CAPITOLO 5

IL MITO DELLA CAVERNA

Alla luce di questa nuova impostazione di vita, dovremmo revisionare anche il famoso racconto del "Mito della Caverna" di Platone (Atene 428/347 a.c.), perché è evidente che manchi un passaggio fondamentale.

Il Filosofo greco, immagina la **condizione degli uomini** come se fossero **nati** incatenati nel buio di una caverna fin dalla nascita, immobilizzati e costretti a **guardare soltanto verso** una parete rocciosa. Dietro questa moltitudine di persone vi è un **fuoco acceso** e tra questo e gli incatenati vi è una **passerella**, dove passano persone e oggetti, le cui ombre si riflettono sul muro della parete rocciosa.

Le persone incatenate non possono girarsi e sono assuefatte a vivere nel buio, ignorano altre vie d'uscita e pensano che quella sia la loro vita, per cui stanno tutto il tempo a commentare le ombre che si riflettono sul muro della caverna davanti a loro, a volte scherzando e a volte litigando tra loro su esse. Colorate il seguente dipinto per capire:

Alle loro spalle, dietro al fuoco vi è un lungo tunnel ed in fondo ad esso uno spiraglio di luce che apre alla vita, ma il tutto è ignorato dagli incatenati.

Cerchiamo di rappresentare meglio questa allegoria.

La caverna rappresenta il mondo illusorio dove viviamo adesso. **Gli uomini incatenati** sono quelli che accettano passivamente e senza critica oggettiva le opinioni degli altri (che non significa **rifiutare di ascoltare**: questi sono gli ottusi). **Le ombre** sul muro rappresentano il mondo delle opinioni che ci vengono inculcate dalla società, in primis dai media. **Il fuoco** rappresenta la Ragione. **Gli uomini dietro passerella** che fanno riflettere le ombre degli oggetti sul muro, sono **quelli che guidano le opinioni**, tra cui: famiglia; religione, politica, mafia, amici, televisione, social, ecc. **La Luce in fondo al tunnel**, rappresenta il "portale" della **vita vera e reale**, senza illusioni.

Gli incatenati sono quelli che delegano la loro vita a coloro che li suggestionano con illusioni obbligandoli a guardare le ombre delle opinioni

51

illusorie sul muro. Voi, a seconda delle situazioni della vostra vita, potete trovarsi un po' incatenati ed un po' sulla passerella.

Il bambino che è ancora una trinità unita (dove l'io-pensiero, D'io e corpo sono una cosa sola) per cui non ha ancora creato un "falso-io", **è impensabile che alla nascita** si trovi incatenato nella caverna come sostiene Platone, essendo ogni neo-nato libero, uguale e senza nessun "peccato originale" adamico.

Da qui la necessità d'integrare il Mito della Caverna di Platone: l'uomo nasce **nella luce del mondo vero,** dove è libero, uguale interiormente agli altri, con potenzialità incredibili, tuttavia pian piano viene <u>trascinato</u> **in fondo alla caverna** dai falsi valori inculcatigli dalla società, fino a restarvi prigioniero da adulto, costretto a sua insaputa a seguire le ombre delle opinioni illusorie che gli passano davanti la sua mente.

Un altro parallelo filosofico sostiene che gli individui nascono come se avessero **un cavallo bianco e uno nero**, il primo tira verso il bene l'altro verso il male. **La verità,** invece, è che nasciamo con un cavallo bianco attivo e libero e con un cavallo nero incatenato nella stalla e sottomesso alla luce che noi liberiamo da adulti, grazie alla società alienata, trascinandoci a fare gaffe per tutta la vita e portandoci all'angoscia. È come una cassetta di mele, se non togliete la mela marcia subito, tutte le altre marciranno e sarete costretti a mangiarle a vostra insaputa, pensando che siano vere e buone per voi.

Ora che cominciate a prendere coscienza e cominciate a credere nel D'io dentro di voi, il vostro impegno sarà quello di rompere le catene, superare la passerella ed avviarsi verso il tunnel della luce. Questo potremmo definirlo un viaggio a ritroso, un ritorno alle vostre origini a come eravate prima che vi buttaste nel tram tram della vita quotidiana (proprio come Peter Pan che non riusciva a trovare il pensiero felice per ricordarsi chi era).

Voi siete incatenati, allorquando siete seduti comodamente a guardate un bel top show politico o di altro genere dove l'unico intento è quello di inculcarvi l'opinione facendo leva su ipotetiche paure, per farvi litigare tra voi su quale ombra sia vera o falsa. **Siete invece sulla passerella**, allorquando tentate di educare i figli o gli studenti, nella veste di genitori o insegnanti, inculcando loro dei concetti che a voi sembrano buoni per la vita, ma in realtà producono incertezze sui figli o sugli studenti: una cosa è dire "studia perché da grande troverai lavoro", altra cosa è dire "studia o allenati perché acquisterai maggiore consapevolezza di te stesso e delle tue capacità".

Una persona mite che vive in montagna senza vedere mai un immigrato e senza litigare con nessuno, dopo aver visto un paio di puntate di qualche top-show, è probabile che si metta a litigare con un compagno sulle persone di colore e magari ignora che gli antichi Romani non si sono mai posti il problema del colore, tant'è che molti africani andavano a lavorare i campi nell'impero, altri erano guerrieri, altri africani diventarono imperatori governando meglio di molti altri imperatori romani originari.

L'esempio, molto discusso oggi, ci serve per sottolineare che siamo noi a chiedere di incatenarci per poi litigare sulle ombre, in una parola: siamo **"liberi di illuderci di essere liberi"**.

La storia di Platone si conclude dicendo che colui che è uscito dalla caverna e ha capito la vera realtà, preso dalla voglia di salvare i suoi parenti ed amici incatenati, ritorna nella caverna e rivelargli tutto, ma i parenti e gli amici prendendolo per pazzo lo uccidono: così è successo a Gesù, a Gandhi, a Socrate, a Giordano Bruno, a Martin Luther King ecc.

Questo esempio non vuole entrare nel merito delle questioni politiche attuali che non ci interessano perché entrambe le impostazioni hanno una fondatezza, laddove l'esigenza sociale di inquadrare i disperati allo sbando, non può tradursi nell'affondare tout court i barconi, perché la verità delle due asserzioni portate all'eccesso portano ad una catastrofe, per cui la soluzione si trova sempre nel buon senso che è sempre nel mezzo.

Gli esempi degli sbagli dei genitori potrebbero riempire tutte le biblioteche del mondo ma il classico è quello di pretendere di insegnare ai figli verità assolute senza sapere niente se non "ombre ascoltate" e senza filo logico, ritenute vere per sentito dire e solo per amalgamazione agli altri, pensando che se lo fanno gli altri vuol dire che è una mezza verità (mal comune mezzo gaudio).

Azzerare tutto e rompere le catene in teoria sembrerebbe una cosa facile perché il distacco dal buio, girarsi e guardare la luce della ragione del fuoco e poi quella del sole fuori dal tunnel, vi produrrà una tal paura all'inizio, pari all'accecamento degli occhi dal passaggio dal buio alla luce del sole e nessuno vuol lasciare il proprio mondo interiore che si è costruito e che crede essere l'unico. Conoscere e avere consapevolezza del nostro D'io interiore vi darà un certo coraggio e sicurezza, ma i successivi passaggi richiederanno molto di più.

Tutto questo vi è stato raccontato migliaia di volte nella vita quotidiana e non ve ne siete mai accorti, anche attraverso tutte le arti.

CAPITOLO 6

LE ARTI

Questo tragico e disperato distacco che avviene da piccoli a causa sia della errata educazione sociale, concomitante al predominio dei 5 sensi che alzano il livello delle oscillazioni cerebrali, viene raccontato in modo semplice e chiaro nel film di **Peter Pan**, dove un adulto viene richiamato, per amore dei propri figli nel "**l'isola che non c'è**" che rappresenta il D'io che è dentro di noi, al fine di ritrovare i poteri che aveva prima, persi nel diventare adulto. Deve farlo per salvare i suoi bambini presi da Capitan Uncino (l'Ombra), Ma non può farlo senza ritrovare il suo vero se stesso, ossia il proprio D'io.

Capitan Uncino è la parte egoista è malvagia di noi stessi (se volete il c.d. cavallo nero) che ha preso il sopravento sul nostro vero-io dopo la scissione del vostro "io" dal vero D'io e la formazione del libero arbitrio del proprio pensiero.

Anche Dante Alighieri fece l'identico viaggio come descritto nella "Divina Commedia", per trovare la Luce della sua Anima che aveva smarrito da adulto, dopo essersi tuffato nella confusione della vita quotidiana e della società distratta, ritrovandosi nella "selva oscura" dove incontra un leone, una lonza e una lupa, prima di addentrarsi nell'inferno, che rappresentano le sue maschere (o cavalli neri, o paure, o falso-io), ma allegoricamente descrivono la superbia, l'invidia e l'avarizia, gli ostacoli per approdare in paradiso.

La prima tappa verso il cielo è conoscere il proprio D'io, la seconda tappa è conoscere il Dio universale che capirete allorquando avrete la consapevolezza e vi sentirete un tutt'uno con l'universo, ossia guardando un animale o una pianta o il cielo o la luna, li sentirete come vostri fratelli fatto della stessa energia spirituale.

Così anche l'entrata di Ulisse negli inferi dell'Ade; come quella di Aladino nella caverna per prendere la lampada magica; o il "mito della caverna" di Platone; oppure la ricerca della pietra filosofale di Harry Potter; ci parlano sempre dello stesso viaggio che affronta l'oscurità per raggiungere la luce. In sintesi: l'abbandono del nostro "falso io" per ritrovare il nostro "vero io".

Gli esempi sono illimitati, persino in molte canzoni o nelle opere d'arte, vi sono sempre dei messaggi in tal senso, ma solo pochi afferrano appieno il significato di queste opere. Quando ascoltate la canzone di Battiato (magari all'insaputa dell'autore) che cerca: "un centro di gravità permanente", o per citare le parole di un brano famoso di Battisti: **"Inseguendo una libellula in un prato"** un giorno che lo stesso aveva rotto col passato, **a cosa credete si stia riferendo l'autore**, se non all'identico viaggio di Dante, il quale un giorno decise di **rompere col passato** per raggiungere la luce; rappresentata dalla libellula di Battisti.

Se ascoltiamo la canzone "Terra promessa" di Eros Ramazzotti, alla luce di questa nuova ottica, vedrete **che assumerà un nuovo e profondo significato: "E camminiamo da soli, nella notte più scura, anche se il domani, ci fa un po' paura; finchè qualcosa cambierà, finchè nessuno ci darà: ... una terra promessa; un mondo diverso; dove crescere i nostri pensieri"**.

La Terra Promessa di cui parla Ramazzotti è dentro di voi e la rivoluzione interiore dovete farla da soli prendendo coscienza del vostro D'io interiore, per avere un mondo diverso, dove crescere i vostri pensieri. Voi però tentennate perché questa notte fa paura. Un'altra canzone napoletana di cui non conosco l'autore, cantava: "Questo cielo fa paura" per indicare che pochi hanno il coraggio di trovare il cielo per la paura di affrontare il buio e non stiamo parlando del comune buio della notte.

"Noi non ci fermeremo, non ci stancheremo di cercare un mondo migliore" prosegue la canzone di Ramazzotti, per dirci che dobbiamo essere "cocciuti" e non mollare mai in questa ricerca, perché solo cambiando voi stessi potrete cambiare il mondo, quindi concentratevi su di voi e non sugli altri per il momento; sappiate che **"credere in se stesso"** significa **"credere nel proprio D'io interiore"**.

Anche nelle poesie troviamo sempre lo stesso messaggio divino. "L'infinito" di G. Leopardi rappresenta lo stesso viaggio verso la luce del D'io interiore perchè anche qui troviamo il solito **ostacolo da superare**, rappresentato dal **"colle" e dalla "siepe"** che impedisce al poeta di vedere cosa ci sia dall'altra parte (ossia: dentro se stesso). Il Poeta nello stato di meditazione immagina di vedere **"interminati spazi, sovraumani silenzi ed una profondissima quiete"**, e nonostante la paura (così come Dante), con coraggio va avanti e gli **"sovvien l'eterno"**, per poi infine trovare **"L'IMMENSITA'"** e la dolcezza di naufragar in quel mare.

Adesso, rileggete per intero la poesia, noterete che non è del tutto noiosa come ci è stata insegnata a scuola, ma nasconde una verità geniale e divina, ma in particolare cercate di capire perché essa esordisce con: **"Tanto caro mi fu"**, facendo un parallelo con il mito della caverna: a cosa si riferisce il Poeta?

Stranamente, apprezziamo le opere d'arti in genere, ma pochi hanno consapevolezza del perché quell'opera ci attrae, mentre l'altra finisce nel dimenticatoio. Molti diventano fan incalliti di qualche autore, cantante o pittore, soltanto perché in modo subliminale recepiscono la speranza di raggiungere con quel "messaggio" il loro "vero D'io" interiore.

Ora tutto vi sembrerà facilmente comprensibile, perché qualunque cosa vi porti a ricordare e a trascinarvi nel **"l'isola che non c'è"** per citate la canzone di Eduardo Bennato, ossia nel vostro vero D'io che è dentro di voi: quella sarà vera arte. Se siete apprendisti musicisti, cantanti, pittori o poeti adesso sapete il messaggio da dare per avere successo. Se volete un'altra conferma ascoltate la poesia di "Volare" di Domenico Modugno e troverete con altre parole lo stesso significato.

Per fugare ogni dubbio, prendete in esame anche la canzone "E ritorno da Te" di Laura Pausini, oppure quella di Zucchero nella sua poetica canzone "Spirito nel Buio" e nondimeno Pierangelo Bertoli, idolo dei Sardi, che cerca **"tra volti di pietre e strade di fango, la luna che spunta dal monte"**; noterete che l'amore descritto dagli autori più famosi è la medesima ricerca di se stessi, definita da S. Agostino come "Nostalgia di Dio".

Questi non sono esempi presi opportunamente per dimostrare la nostra filosofia teo-umanista perché se leggete i brani delle canzoni di maggior successo, anche straniere, vedrete che troverete gli stessi riscontri (a volte forse all'insaputa degli autori stessi).

La letteratura e la poesia sono un moto dell'anima e serve per farci conoscere ciò che siamo dentro e questo dovrebbe essere anche la funzione della scuola: la cruda erudizione in sé vi serve a poco, se non a primeggiare ad una cena con amici. La logica conclusione del discorso ci porta a considerare quanto arretrata e noiosa sia la scuola odierna che insegna solo i moti dell'anima dell'antichità (utilissima nella nostra prospettiva ma insufficiente perché distaccata dalle nuove generazioni), dimenticandosi della poesia contemporanea consolidata dagli autori musicali.

Se Leopardi avesse scritto oggi l'Infinito senza musicarlo, sarebbe rimasto uno sconosciuto e la sua poesia lettera morta. Quella ragazza del "Collegio" che disse: "Chi se ne frega di Leopardi; ormai è morto; via", esprime ignorantemente e chiaramente il concetto. Quindi la nuova letteratura poetica contemporanea è quella che ascoltiamo nelle canzoni. Per intenderci, oggi, i

Mogol, De Andrè, Battisti, Pausini, Zucchero, Reitano, Ranieri, Jovanotti, Fedez, J-Ax, Celentano ecc. compresi quelli moderni e stranieri, si possono ritenere i poeti del nostro tempo. Omero non era forse un cantore di storie scritte da altri autori.

Se trovassimo un disco di A. Manzoni, ci farebbero studiare a scuola quel disco e nessuno lo metterebbe in discussione. Nessuno si è accorto che la letteratura e la poesia sono cambiate ed è errato disinteressarsi all'argomento e non prenderne atto, laddove invece per ogni decennio dal 1960 in poi dovrebbero commentare le poesie più belle scritte nelle canzoni per impararle a scuola per la gioia degli studenti, lasciando alla critica musicale l'esame della sostanza dello stile e del genere artistico, che è un'altre cosa.

Rigettate o quantomeno reinterpretate correttamente, quelle canzoni o quei film e in genere tutta **quell'anti-arte** che parlano del **mal di vivere,** del disagio sociale e delle cose più aberranti, perché è più facile riconoscersi nei guai dell'oscurità del falso-io che nel difficile cammino verso la luce del vero-io.

È ovvio che qualcosa va cambiato nella nostra scuola che è il motore del futuro e non cambiare solo Ministro ad ogni temporale. Ma ho poco speranze in merito se penso che ancora oggi insegnano il pronome personale "Egli" laddove il pronome dovrebbe essere quello realmente parlato, ossia "Lui", specificando agli studenti che "Egli" si usa nello scritto per i discorsi diretti. Già alla prima elementare, la scuola mette in difficoltà i bambini con il verbo essere. Un giorno mi sono prefissato di utilizzare "Egli" nella lingua parlata, risultato: non sono riuscito a inserirlo in un discorso tra amici neanche una volta. Nella altre lingue questo obbrobrio non esiste. L'Italia è diventata famosa per rendere le cose più difficili di quelle che sono e i docenti ci mettono del suo.

Ritornando al discorso, i grandi pittori che hanno creato dei favolosi quadri esprimono la grandezza di Dio nell'arte. A volte esprimono anche il lato oscuro della vita: in una parola la paura. Così i dipinti de **l'Urlo, l'Ansia e la Disperazione di Edvard Munch** esprimono la forza del Lato Oscuro che prende il sopravvento sul vero D'io; oppure **Caravaggio** nel suo famoso dipinto **"Davide con la testa di Golia"** dichiara la vittoria del D'io interiore del pittore rappresentato da Davide e la testa mozzata di Golia sempre il pittore decapitato perché spinto dal suo falso-io aveva ucciso un uomo in una discussione: in sintesi racconta il trionfo di se stesso nella lotta tra il bene ed il male e la morte del suo vecchio io. <u>**Questi dipinti fanno capire la pericolosità del falso-io e dell'Ombra e ci avvertono di prendere coscienza del nostro D'io.**</u>

Quando ascoltate qualche canzone negativa o altra arte, tenete distinti i messaggi e afferrate il vero significato senza identificarvi nelle negatività, anche se già ascoltando qualcosa di negativo ne avrete un danno interiore; pertanto rendete il messaggio in positivo e capite che l'arte vuole insegnarvi ad annientare la vostro ombra.

L'intento degli autori o cantautori pessimisti c.d. "maledetti" è quello farvi conoscere il lato oscuro (o cavallo nero), **per farvi apprezzare la Luce e il ritorno al vostro D'io;** ma il rischio è di rimanervi intrappolati, identificandosi in esso senza che voi ve ne accorgiate. Inoltre, l'anti-arte ha un'impostazione sbagliata, perché lo scopo di ogni poeta o autore è quello di farci conoscere il nostro vero D'io e non il nostro falso-io che già conosciamo bene e quindi non conviene alimentarlo ulteriormente con la musica. Se prima si cantava: "Perché Sanremo è Sanremo" per indicare l'aspetto divino dove l'amore cantato era riferito solo per traslato all'amata, mentre il significato intrinseco si riferiva all'amore per Dio e al ritorno a voi stessi che non è altro, metaforicamente parlando, quanto descritto nel "Mito della caverna" di Platone.

Qualcuno penserà che dopo aver appreso ciò, possa ritenersi già soddisfatto e di aver capito tutto, smettendo di leggere. Niente di più sbagliato! Il Maestro disse che il "regno dei cieli" è come quel contadino che durante la semina, qualche seme cade sulla terra battuta, altri sull'erbaccia, altri sulla roccia e infine pochi nel campo arato (la parabola la sapete già ed è superfluo commentarla). Quindi cercate di essere terreno fertile con mente aperta e non fredda rocca, altrimenti i frutti saranno esigui.

Quando si scoprì che la terra non era al centro dell'Universo, bensì un semplice pianeta "benedetto" che girava intorno al sole, nello spazio celeste nulla è mutato (e per traslato nella vostra vita); però da quel momento l'uomo ha iniziato a interpretare le cose nel modo giusto nello spazio, arrivando a nuove conquiste e conoscenze.

Pertanto siamo solo all'inizio, la strada è ancora lunga per arrivare a capire l'Universo dentro di noi, portate pazienza e non mollate. L'obiettivo è l'espansione della consapevolezza di essere una COSA SOLA come lo eravate da bambini, ma con la coscienza di esserlo da adulti e non solo per l'istinto naturale dei fanciulli, i quali purtroppo non hanno l'autonomia per capirlo. Chi non ricorda Giovanni Pascoli che anelava al fanciullo dentro di se?

Adesso, spero, abbiate capito che Celentano nella via "Gluck" cercava quel "se stesso" che non ricordava più.

È impellente in questo momento, adesso e qui, un ritorno a se stessi, ma prima bisogna sapere dove si trova il nostro D'io e perché è chiamato terzo occhio nella cultura orientale. L'obiettivo è: I want to be in that number, when the saints go marching in (Louis Armstrong).

CAPITOLO 7

<u>IN QUALE PARTE DEL CORPO UMANO SI TROVA D'IO</u>

Non è molto importante sapere in quale parte del vostro corpo si trovi esattamente il vostro D'io o anima, l'importante è sapere che sia dentro di voi.

Ma siccome siamo sempre in cerca di risposte, tenteremo di darne ragionevolmente una. Qualcuno ritiene che D'io o l'anima, sia nel plesso solare, vicino allo sterno, altri pensano sia nel cuore, altri nel ventre, altri nel cervello, altri ritengono che sia nel corpo ancestrale all'esterno di noi, composto di fibre di luce sottilissime che ci ricoprono, alcune sette religiose minori ritengono che sia addirittura nel sangue. Neanche su questo c'è unicità.

Se D'io è il centro vuol dire che sta al centro e il centro di ogni persona pensante non può essere che il cervello, pertanto riteniamo che sia situato al centro di esso e in particolare **nell'epifisi o ghiandola pineale**, se non altro per il fatto che sia il centro di un organo pensante. Nel corpo abbiamo altri "centri vitali" importanti, chiamati "chakra" di cui parleremo, ma nessuno di essi è pensante e tutti i mistici concordano che il più importante sia la ghiandola endocrina "pineale", chiamata anche epifisi.

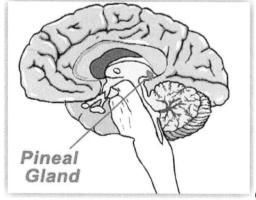 cervello:

ghiandola pineale o epifisi

Ogni essere umano ha delle ghiandole endocrine, le cui principali sono sette e partono dall'osso sacro fino all'estremità della testa. Nella cultura orientale sono chiamate "chakra" che significa centro vitale. All'esterno del nostro corpo, possiamo trovare sottilissime fibre ancestrali, ossia una luce sottilissima chiamata "aura" che in sostanza sono le prime ed immediate irradiazioni delle "onde elettro-spirituali" – praticamente il riflesso del vostro D'io interiore - così come il profumo di una rosa che non vediamo, ma sentiamo. Per farvi capire la sensazione di queste fibre esterne, v'invito a ritornare con il pensiero nel tempo in cui eravate innamorati e vi sentivate non solo più leggeri, ma come immersi in un alone di luce.

Quando si concepisce un bambino, la prima cellula dopo la fecondazione contiene già all'interno il suo "primordiale atomo" con il suo D'io vitale che registra tutto, ossia una "Luce" uguale a quello degli altri uomini, ma con un codice genetico sui generis che delinierà cosa diverrà.

Sta di fatto che le prime cellule staminali, appena concepito il bambino, rimangono al centro della testa dell'embrione e a seguire sviluppano la spina dorsale (parliamo del primo millimetro dell'embrione) e successivamente gli altri organi.

Ne deduciamo, quindi, che l'embrione anche se non formato fisicamente, ha già in sé la sua anima, un D'io o una luce. Conseguentemente nei casi di aborto, volontario o involontario, questa "Luce" ritorna da dove era venuta, che conferma quel riciclo circolare del circuito dell'energia elettro-spirituale: "come D'io da Dio, così D'io a Dio"; così similmente "Luce da Luce e Luce alla Luce", o più chiaramente nel riciclo circolare: "Energia da Energia e Energia all'Energia". Bisognerà vedere poi se la luce-spirituale interiore che ritorna a Dio, si porterà appresso anche la vostra coscienza, oppure se questa resterà incatenata come in un sogno eterno in qualche atomo della terra con angosce indescrivibili.

La teoria secondo la quale la vita viene immessa dall'esterno dopo i tre mesi nel feto è solo per giustificare la volontaria interruzione della gravidanza, smentita dalla prova evidente del movimento impercettibile dell'embrione dopo qualche settimana così come per tutti gli altri animali.

Conseguentemente tutti siamo figli spirituali del Dio vivente e solo biologicamente o fisicamente, figli dei genitori che fanno da tramite per il trasferimento della vita.

Nella filosofia buddista e indù per avere l'illuminazione bisogna partire dal primo chakra (o centro vitale) posto nell'osso sacro per salire fino al 7° situato al centro del cranio, ossia nell'epifisi già citato (ghiandola pineale). Qualcuno sostiene l'infondatezza dell'esistenza di tali centri vitali e che sia frutto di semplice suggestione in conseguenza degli effettivi avanzamenti spirituali che ne derivano a seguito della pratica di meditazione nel silenzio.

Non esiste una religione o una filosofia o una scuola esoterica migliore dell'altra che portano alla santità o illuminazione, perché il Maestro disse che le **vie che portano a Dio sono infinite**, tuttavia ne esiste una che calza bene per la vostra cultura e tradizione, per cui non abbandonate il vostro credo, bensì rivalutatelo alla luce di quanto apprenderete nel corso e vedrete che infine la vostra fede sarà più salda di prima, perché fondata su basi logiche e sperimentabile da voi stessi (forse tra molti anni anche su basi scientifiche se qualcuno sarà capace di formularne l'equazione matematica delle onde elettro-spirituali). Non avete nessuna necessità di convincere altri a credervi salvo che ve lo chieda, ma avete la necessità solo di elevarvi e di crescere spiritualmente: certo condividere la vostra fede è segno di generosità e umiltà, ma fatelo con chi ha già letto questo libro.

Se in ultimo capite che la vostra credenza sia obsoleta e complicata o addirittura frutto di una tradizionale mediatica religiosa o filosofica, non sentitevi in colpa se l'integrate con nuovi concetti che vi diano più sicurezza, perché l'importante è raggiungere la felicità e la salvezza che consiste nel ritrovare il proprio D'io, ossia il vostro "vero io".

Lo scopo della filosofia è conoscere se stessi in una visione unitaria, universale ed eterna, mentre lo scopo della religione è ottenere la conoscenza e la salvezza della propria anima (o del proprio D'io) attraverso il Maestro che quale persona illuminata e santa, lo possiamo definire il più consapevole e grande esploratore del mondo invisibile (gli altri corollari del Maestro li lasciamo ai teologi), tenendo presente che le due dottrine sono la stessa cosa.

Per chi volesse sapere cosa sia il D'io interiore o il Dio universale, sappiate che gli unici termini con cui possiamo sostituirlo sono: AMORE perché è innegabile che sia pieno di un profondo bene, oppure con ENERGIA SPIRITUALE perché è altrettanto vero che, alla fine, sia un concentrato di energia elettro-spirituale materializzata così come un albero, una pietra, o un uomo con l'aggiunta della facoltà metafisica del pensiero autonomo e della conoscenza della spiritualità del sè. Nel prosieguo tenteremo una spiegazione logica dell'origine.

Forse non è un caso che stiate leggendo questo libro, forse è il desiderio di sapere chi siete e perché siete venuti al mondo, forse è perché siete un "figliol prodigo" che ha smarrito la retta via e vuole ritornare ad essere felice come da bambino, oppure siete semplicemente un umanista che cerca la verità universale, valida per ogni cultura e per tutti i tempi.

Molti disagi familiari dei figli, avvengono per l'equivoco di un'affinità particolare del padre con l'altro figlio dovuta ad una sintonia più scorrevole delle onde elettro-spirituali che li porta ad un loro più fluido dialogo con un figlio, nel mentre l'altro oppone per vari motivi, delle chiusure mentali.

Sappiate che un genitore darebbe la sua vita per salvare la vostra. Se un "padre terreno" imperfetto può arrivare a tanto, immaginate cosa possa fare un "Padre Celeste" di cui vi è già una traccia dentro di voi anche per l'ultimo dei suoi figli, come disse il Maestro.

A questo punto, penso abbiate già intuito che se una traccia di Dio è nel vostro D'io interiore, quando pregate o meditate, state pregando praticamente il vostro D'io interiore che è collegato al Dio universale. Così quando bestemmiate contro Dio, state bestemmiando contro il vostro D'io interiore, ossia contro voi stessi. Altrettanto avviene quando bestemmiate contro altre persone, anche se siete state vittima di un'offesa ingiusta, perché il loro D'io interno è uguale al vostro (vorrei avere la certezza che abbiate afferrato questo concetto di uguaglianza).

Prima di addentrarci nel vivo del corso, tenete presente comunque alcuni concetti basilari:

1) Il D'io interiore che avete, è una **potente forza spirituale e divina** posta al vostro servizio che non desidera altro che amarvi;

2) Questa potenza all'interno di voi, non ha un ragionamento proprio o indipendente, così come lo intendiamo noi, bensì lavora incessantemente per noi anche quando dormiamo e ubbidisce come il genio della lampada o Babbo Natale a tutti i vostri desideri, pensieri, paure ed emozioni;

3) Il vostro D'io interiore è costantemente connesso, tramite onde elettrospirituali, con il resto dell'umanità e con il DIO Universale e quindi con tutto l'Universo;

4) Il D'io interiore è dotato di una memoria perfetta, maggiore di tutti i pc del mondo messi insieme; essendo collegato con l'Universo;

5) Il D'io interiore ha un controllo assoluto del vostro sistema immunitario e di tutte le funzioni e condizioni del nostro corpo ed è capace di guarire qualunque malattia (tranne quelle patologie irreversibili es. mano

66

mozzata – Massimo Troisi -) anche se i casi più difficili sono quelli debilitati e deliranti, ma soltanto perché il soggetto **rifiuta qualunque aiuto** e anzi vi considera un nemico, non essendo consapevole che l'Ombra ha preso il posto del suo D'io vero;

6) Il D'io è capace di comunicare con altri mezzi, principalmente con il "sesto senso" che si esterna con la telepatia, la chiaroveggenza, il tele-ascolto ecc.; al contrario del "pensiero" o "mente" che può utilizzare soltanto i canali dei cinque sensi riconosciuti: udito, vista, tatto, olfatto e gusto;

7) Il D'io interiore, contiene dentro tutte le leggi naturali, morali ed etiche, descritti in tutti i testi sacri, nonché tutte le leggi della natura e dell'universo;

8) Mentre dormite l'io-pensante sparisce e con esso il "falso-io", per dar posto al vostro D'io interiore che resta connesso all'umanità e al Dio universale. Questo è il momento in cui agisce in piena libertà, senza i filtri del vostro io-pensante e del nostro egoismo. Ed è proprio nel sonno che avviene una **lotta tra il bene e il male**: ossia tra D'io e la vostra Ombra che avete innalzato. Abituatevi a ricordare e scrivere in un quaderno tutti i vostri sogni, anche se astrusi e incomprensibili;

9) Il D'io interno è come una conchiglia con una preziosa perla dentro (chiamatela se volete pietra filosofale), che si è chiusa pian piano dopo l'infanzia, a seguito del vostro distacco e dell'errato uso del vostro libero arbitrio, illudendoci di poterci governare da soli con i cinque sensi e credendo che la soddisfazione dei piaceri sia il senso unico della vita;

10) **Ma soprattutto, sappiate che ancora voi non sapete niente del vostro D'io interiore, cioè del vero voi stessi; perché l'avete dimenticato dopo i primi anni di vita e per tal motivo è diventato inconscio nel senso che non conosciamo più).**

Se siete depressi, afflitti o disperati, o anelate comunque ad una vita migliore, adesso sapete dov'è la vostra "ancora di salvezza".

IL TERZO OCCHIO

La ghiandola pineale o epifisi è quindi la sede del nostro D'io: in oriente si dice che avvenga la vera conoscenza al momento dell'apertura del TERZO OCCHIO" che è la sede del vostro vero-io, ossia di D'io.

Il primo riferimento storico sul "terzo occhio" lo troviamo nell'antico Egitto nel Dio della luce e del cielo "Horus" a cui venne estirpato l'occhio, poi riottenuto e donato al padre Osiride che significa infatti <<sede dell'occhio>>.

Nel vangelo di Matteo viene ribadita la presenza di questo simbolo e persino i padri fondatori dell'America lo introdussero nel Grande Sigillo degli Stati Uniti, ma lo troviamo anche in cima ad una piramide nelle maggiori massonerie esoteriche mondiali che si rifanno ai riti mistici egiziani.

Nella città di Leopoli in Ucraina vi è una chiesa greco-cattolica chiamata dalla gente chiesa del "Terzo Occhio" per il dipinto di un occhio sul tetto.

I mistici orientali di ogni tempo dai tibetani agli indù, affermano che il centro vitale (chiamato chakra) del **"terzo occhio"**, debba **essere attivato tramite la luce per divenire illuminati**, ma con cautela e seguendo una progressione collaudata, come spiegheremo più avanti.

Per i cristiani il "terzo occhio" è rappresentata da una "pigna" a causa della somiglianza della ghiandola pineale dell'epifisi con essa; mentre per gli esoterici e la massoneria è rappresentata da un occhio ed anche dalla pigna.

La pigna allude al più alto grado d'illuminazione spirituale possibile e simboleggia la ghiandola pineale ("terzo occhio"). Questo simbolo era riconosciuto **non solo** nelle culture antiche dei Babilonesi, degli Egiziani, dai

68

Greci, dagli antichi Romani, ma le ritroviamo anche nelle antiche tavole dei Sumeri; in quelle cristiane, nella Teosofia, nello gnosticismo e nelle tradizioni esoteriche della massoneria, come già detto.

Nella "Corte della Pigna" in Vaticano troviamo la più grande statua nel mondo rappresentante una pigna. Nel bastone di Osiride tenuto nel museo egizio di Torino, troviamo dei cobra con una pigna tra di loro.

Piazza della Pigna -Vaticano

Le tradizioni indù, tibetana e yoghista, insegnano ai suoi seguaci di risvegliare il Terzo Occhio, mediante l'attivazione dei "sette chakra" o "centri vitali" che sono presenti nel nostro corpo che avviene tramite la Kundalini (onde elettro-spirituale o Spirito Santo), di cui **il primo** è situato nel coccige dell'osso sacro, alla base della spina dorsale **e gli altri** a salire lungo la spina dorsale fino all'EPIFISI posizionato al centro del cervello, col fine di influenzare la coscienza umana e sviluppare l'intuizione, necessaria per aumentare la conoscenza del sé e liberare il potenziale creativo di ognuno: **il processo si conclude con la fioritura del "fior di loto"** (o Pigna) che esce sopra la testa che corrisponde alla **"fiammella dello Spirito Santo"** posta sopra la testa dei Santi, la quale a sua volta è rappresentata dalla corona d'oro che portavano i Re a simboleggiare la loro illuminazione, anche se nella storia ce ne sono stati veramente pochi: l'unica corona illuminata è stata quella di spine.

Questa ascesa viene rappresentata con il simbolo esoterico del "caduceo", ossia due serpenti antitetici (Ida e Pingala), attorcigliati lungo la spina dorsale. Le coppie di animali antitetici associati alla pigna – come gli elefanti in Indonesia, i pavoni gemelli a Roma e i due serpenti gemelli in Egitto; i due angeli sull'arca dell'alleanza - sono un'allusione ai serpenti gemelli (Ida e Pingala) del citato caduceo, i quali corrispondono agli elementi positivi/negativi insiti nelle onde elettro-spirituali.

Questa processo di illuminazione è rappresentato anche dall'albero di Natale illuminato con tutti i colori con all'apice la stella di Natale ad indicare la realizzazione dell'essenza del vostro D'io interiore, motivo inconscio del suo grande successo a cui nessuno può farne a meno..

Abbiamo inserito questo discorso per avere un quadro panoramico di quello che succede nelle varie parti del mondo che sono alla ricerca del "D'io interiore" che è sempre quello e non cambia sulla base del metodo seguito dalle singole confessioni.

Qual è la differenza tra un santo illuminato cristiano e un illuminato budda orientale o un illuminato umanista o un musulmano? Nessuna!

Tutti hanno raggiunto il loro D'io seguendo strade diverse verso la completezza della loro coscienza. Questo libro è indirizzato principalmente agli atei e a quei laici che praticano una fede alla buona, giusto per tradizione, ma servirà anche agli addetti ai lavori per trovarvi qualche spunto di riflessione per migliorare il loro cammino verso l'illuminazione per diventare Santi.

Dio è una potenza giusta e amorevole che non permetterebbe l'esistenza di tante religioni **se tutte non conducessero alla salvezza** delle sue creature: la sua luce splende su ognuno di noi. Ognuno di noi è sicuro di professare l'unica vera fede, è così deve essere, perché ciò che è giusto per noi si addice al nostro mondo. Sono tutte persone oneste e sincere che vogliono salvare il mondo, ma ognuno può salvare soltanto se stesso, seguendo il proprio credo, se si è convinti che sia quello giusto. (Sanders G. Laurie, Melvin). Una cosa è però la divulgazione pacifica, altra cosa è la costrizione, anche fisica, a voler imporre ad altri la propria religione come pretenderebbe la seconda confessione mondiale.

L'utilità di questo libro, a condizione di averlo letto con animo aperto senza pregiudizi, consiste nella sua semplicità e logica – non cieca fede - del percorso verso la propria completezza e della propria spiritualità: il vostro cammino poi lo deciderete in piena segretezza.

Tutte le suddette nomenclature e simboli servono a poco, perché la sostanza alla fine è sempre quella: la LUCE ed è di questo potere che d'ora in avanti utilizzeremo, prendendo a prestito anche il meglio che c'è in queste culture, senza negare che il simbolo della positività (la + per intenderci), oppure della croce per i cristiani, ha un valore aggiunto di completezza per la coscienza, così nella clessidra la + si trova sopra e il segno negativo dell'ombra è collocato sotto.

Potrebbe esservi comunque una spiegazione biologica-razionale degli effetti positivi della Luce nel nostro corpo e nella nostra mente, dovuta semplicemente al regolare funzionamento dei miliardi di atomi che compongono il nostro corpo, i quali reagiscono meglio e attivamente quando vengono inondati dalla Luce producendo un benessere generale essendo composti dal "Primo Atomo" all'ultimo da energia elettro-spirituale.

In particolare, ciò succede quando inondiamo di luce le **ghiandole endocrine** (da *endo*=dentro e *crino*=verso) che sono le ghiandole che secernono ormoni e li riversano direttamente nel sangue e, attraverso questo, raggiungono tutti gli organi del corpo con un conseguente miglioramento mentale e fisico.

Gli scienziati hanno scoperto gli effetti benefici della luce sulle piante, ma ancora brancolano nel buio riguardo l'uomo, eppure basterebbe mettersi seduti sotto quelle lampade o laser accecanti che sono dai dentisti o in ospedale, **ovviamente da sani**, oppure in discoteca o nei concerti per verificare che al loro riflesso il nostro corpo sembra quasi rigenerato. Più avanti chiariremo perché siamo semplicemente degli alberi che pensano e camminano.

Detto ciò, vediamo quali sono le principali ghiandole endocrine che dobbiamo riempire di luce neutra, ossia bianca per il momento e poi con i colori dopo, per far sbocciare sulla testa il c.d. fior di loto (chiamato anche "fiammella dello Spirito Santo") che rappresenta la completezza spirituale, come spiegheremo negli appositi esercizi:

1) LE GONADI che nelle donne sono le ovaie; mentre nei maschi sono i testicoli;

2) LE GHIANDOLE SURRENALI;

3) RENI E PANCREAS;

4) TIMO che si trova dietro lo sterno a lato del cuore;

5) TIROIDE E PARATIROIDE;

6) IPOFISI o ghiandola pituitaria;

7) EPIFISI o ghiandola pineale posto al centro del cervello;

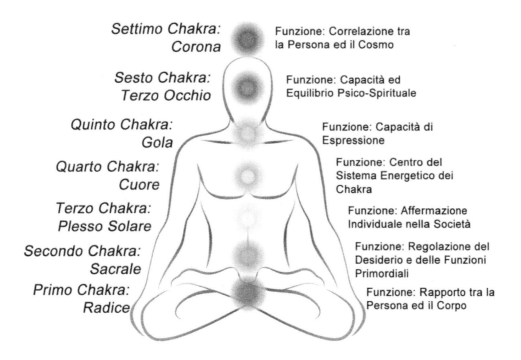

Settimo Chakra: Corona — Funzione: Correlazione tra la Persona ed il Cosmo

Sesto Chakra: Terzo Occhio — Funzione: Capacità ed Equilibrio Psico-Spirituale

Quinto Chakra: Gola — Funzione: Capacità di Espressione

Quarto Chakra: Cuore — Funzione: Centro del Sistema Energetico dei Chakra

Terzo Chakra: Plesso Solare — Funzione: Affermazione Individuale nella Società

Secondo Chakra: Sacrale — Funzione: Regolazione del Desiderio e delle Funzioni Primordiali

Primo Chakra: Radice — Funzione: Rapporto tra la Persona ed il Corpo

Non è una coincidenza che il 7 sia sempre presente, così nelle note musicali, nei colori dell'arcobaleno, nei sette gradini delle rampe della torre di Babele, nei giorni della settimana; le 7 "P" messe sulla fronte di Dante; nel perdonare 70 volte 7, ecc. In effetti il settimo chakra coincide con la fioritura del fior di loto, o se volete con l'illuminazione della fiamma dello "Spirito Santo".

Le culture orientali collegano in queste sette ghiandole il raggiungimento l'equilibrio. Ora di questi chakra non esistono prove visibili della loro esistenza, pur tuttavia è vero che inondando di luce queste ghiandole si producono immediatamente effetti benefici per la mente e per il corpo. Probabilmente nell'antichità non sapendo niente di anatomia umana, chiamavano genericamente centri vitali queste ghiandole e la Kundalini altro non era che un simbolo. In ogni caso il risultato non cambia: gli effetti positivi ci sono e poco importa sapere se sono centri vitali di energia (chakra) o si tratta di una funzione naturale delle stesse ghiandole endocrine che sprigionano energia a prescindere da altri fattori. Finchè non vi sarà una base scientifica proponiamo libertà di pensiero e ognuno scelga quello che più gli aggrada: è uguale e non serve litigare per futilità.

Nei bambini queste ghiandole funzionano perfettamente e hanno più energia di una centrale nucleare e il loro viso sembra essere illuminato da qualcosa. Ciò non è dovuto solo alla loro tenera età: i bambini sono illuminati e hanno sopra la testa la fiammella dello Spirito Santo che fuoriesce da quel buchino che hanno sul cranio. Purtroppo **non hanno l'autonomia per impedire** che gli altri gliela spengano a fin di bene. Amano la luce è capiscono la sua utilità e hanno paura del buio come se gli oscurasse qualcosa dentro.

I figli dovrebbero dormire con i genitori fino a quando non decidono di voler dormire nel loro letto, come i cuccioli di animali.

Quando i bambini piccoli parlano si percepisce subito dal tono della loro voce che le parole vengono dal profondo della loro anima (o D'io) e che sono distaccati dal mondo, non conoscendolo ancora. Non hanno nessun tipo di maschera o falsità e non sanno cosa sia la vergogna "degli adulti", ma sono governati dal pieno amore interiore e non dalle nefaste emozioni dei grandi.

Adesso, se avete assimilato bene quanto detto finora, credo che sia giunto il momento di ritornare consapevolmente a se stessi.

PARTE SECONDA
IL RITORNO A SE STESSI

CAPITOLO 8

CONOSCI TE STESSO

Le famose parole **"Conosci te stesso"** sviluppate da Socrate, ritenuto il padre della filosofia (Atene, 470-399 a.c.), già anticipate da Talete (Mileto 624-546 a.c.), da Pitagora (Crotone 580-495 a.c.), Empedocle (Agrigento 490-430 a.c.), Parmenide di Elea (Campania); **sono alla base del nostro argomento.**

Adesso che state prendendo dimestichezza con il vostro D'io interiore, avrete capito che il "conosci te stesso" di Socrate, corrisponde esattamente alla frase più precisa e concreta di <u>**"CONOSCI IL TUO D'IO INTERIORE".**</u>

Tuttavia, il fatto che abbiate capito che D'io è dentro di voi non significa che voi lo conosciate o che ne abbiate consapevolezza. Anzi è esattamente il contrario. Solo pochissimi nel mondo sono "illuminati" (o BUDDA per usare un termine orientale), che hanno il privilegio di conoscere se stessi. Tra questi possiamo annoverare sicuramente i c.d Santi e gli illuminati in genere, tra cui molte persone dell'arte, della letteratura o della scienza. Infatti, l'illuminazione non dipende né da voti di noviziato né da altro, ma soltanto da voi stessi: si può servire DIO, seguendo sia la strada del celibato, del noviziato o del matrimonio.

Certo adesso sarà mutato in voi il concetto del **Deus ex machina**, cioè di un Dio lontano che scende dal cielo per risolvere tutti i nostri problemi, il chè è vero, la novità è che adesso sappiamo le **modalità del suo funzionamento e**

75

della sua discesa che è già presente in voi. Non pensiate e non vantatevi neanche di essere Dio, altrimenti finirete in qualche manicomio oppure come Ulisse a girovagare nelle tempeste della sfortuna per essersi sentito superiore a Dio dopo aver conquistato Troia: quindi il passo sarà di **dichiararvi servi del vostro D'io interiore**, ossia del vostro vero io e conseguentemente del Dio Universale.

Al momento abbiate la certezza che D'io non è lontano da voi, ma dentro di Voi, vi ama e non vi ha mai dimenticato; semmai ammettete che siamo stati noi, pian piano ad allontanarci da lui; ammaliati dal falso piacere dei 5 sensi, a cui non dobbiamo rinunciarci, ma gestirli adeguatamente come nostri servitori e non come nostri padroni.

Connettersi con il proprio D'io non è facile. Sarà facile solo per alcuni fortunati. Vi siete mai chiesti, perché nella favola di Aladino, solo lui poteva entrare nella caverna per prendere la lampada magica? Oppure perché solo il fantasioso Harry Potter era il predestinato per arrivare alla pietra filosofale? Certamente non dipende né dai soldi, né dalla cultura, né dalla vostra personale esperienza, né dall'età: dipende soltanto dall'essere umili, puri e semplici come un bambino (o se il caso ritornare a esserlo).

Non stiamo parlando di vergini o di beati creduloni ingenui. Questa è l'unica *condicio sine qua non,* ossia la condizione senza la quale è impossibile fare il salto di qualità. Tutto è alla vostra portata, cattivi o meno buoni che siate, adesso potete cambiare. **L'unico impegno è seguire e rispettare le "leggi naturali dello Spirito" come spiegheremo avanti.**

Troppe barriere e troppe ombre abbiamo frapposto tra noi ed essa, tramite il nostro falso-io, dopo che abbiamo iniziato ad usare ed abusare solo dei 5 sensi, dimenticandoci del sesto senso, che è quello usato dal vostro D'io interiore. Troppe maschere ci siamo inventati con il nostro comportamento e troppi virus abbiamo inserito con il nostro modo di **pensare negativo**, che comunemente chiamiamo peccati. La conseguenza è di esserci allontanati dal nostro D'io da perderne finanche le tracce e persino negarne l'esistenza, spinti dalla realtà materialistica e consumistica e appoggiati da filosofie atomistiche che pur avendo avuto il privilegio di raccontare una faccia della medaglia, hanno rinnegano l'altra.

Non stiamo cercando di generare una serie di maghi o nuovi esoterici, o di creare una nuova religione, che credetemi non servirebbe, ma sicuramente, chi non ne ha una si avvicinerà a qualche credo, mentre chi è già credente aumenterà la sua fede saldamente, partendo dalla potenza del proprio pensiero e cooperando con il proprio D'io.

Per evitare di inorgoglirvi, laddove invece dovrebbe aumentare solo la vostra dignità e la vostra autostima, abbiamo introdotto una scala della fede, prendendo a prestito la clessidra, per farvi capire che la strada e lunga per raggiungere **la piena consapevolezza di se stessi** e impedirvi ai primi successi, di sentirvi arrivati, come fece Dante che caddè in dormiveglia in una "selva oscura", dove dovette affrontare l'inferno per ritrovare Dio.

Ricordatevi che voi avete una potenza incredibile e per farvene capaci, considerate che se si dovesse sprigionare l'energia della penna posta sulla vostra scrivania, questa esplosione causerebbe la distruzione della Terra e del sistema solare. E se una piccola penna ha questa potenza, immaginate cosa avete dentro voi stessi.

CAPITOLO 9

DANTE ALIGHIERI

Il Sommo Poeta, come viene comunemente chiamato Dante Alighieri, per il suo estro poetico e penetrante, è conosciuto a livello internazionale. Anche negli Usa ha assunto un ruolo principale nella loro letteratura, i quali hanno il vantaggio di leggerlo tradotto nella loro lingua e quindi più accessibile; mentre in Italia viene reso "antipatico" sia per la scrittura in un primordiale italiano, sia per il modo in cui viene proposto agli studenti da alcuni docenti, i quali credono che semplicemente spiegare il viaggio di Dante, o peggio obbligare la memorizzazione della "Divina Commedia", sia già sufficiente all'insegnamento, senza rendersi conto che è un generico indottrinamento **privo del significato insito nell'opera**: ossia del messaggio per la vostra realizzazione.

La "divina Commedia", forse, è un testo che dovrebbe essere l'appendice del Vangelo, come se Dante fosse un apostolo postumo, perché spiega pari passo tutti i passaggi verso la "conoscenza della propria essenza".

Il viaggio di Dante è statico e non di movimento, nel senso che i tre libri della Divina Commedia, sono la descrizione della vita di ognuno: adesso e qui.

Il Sommo Poeta, un anno della sua vita presa la decisione di rompere con il passato perché si rese conto che era caduto in una "selva oscura" e quindi inizia il suo poema dall'inferno, perché prima di riveder le "Stelle" e il "Sole" dovremmo vedere i "dannati" che non hanno eliminato le loro negatività che lui incontra nei vari gironi, a partire dall'avarizia, dalla superbia fino all'invidia, per citarne alcuni (che corrisponde agli incatenati nel Mito della Caverna di Platone). Le coscienze di questi dannati sono inchiodate per l'eternità in qualche lato oscuro dell'atomo e rivivono le loro negatività in eterno come in un sogno realistico.

Solo dopo aver visto i dannati, Dante approda nel Purgatorio (corrispondente alla realtà terrena), dove gli vengono affibbiate sulla fronte 7 P (7 peccati o virus), e man mano che sale verso il cielo, elimina una P dalla fronte con un'alata di Angelo, ritrovando sempre più gioia e una luce più intensa a indicare un risveglio della propria coscienza (apertura del terzo occhio) e la consapevolezza del proprio D'io. **<u>Vorrei avere la certezza che abbiate capito che tutti gli uomini adulti hanno 7 P sulla fronte, compreso voi.</u>**

Letteralmente Purgatorio che deriva da purgare, significa "purificazione" o "pulizia"; che a sua volta significa "Santificazione".

La semplice domanda che dovreste porvi è in quale fase spirituale voi vi trovate adesso? Se siete **pieni di negatività**, ansiosi e infelici, senza fiducia e offuscati dai pregiudizi del vostro falso-io, vuol dire che la vostra "Ombra è salita" e siete a un <u>passo dall'inferno</u>. Se siete in **una via di mezzo**, altalenanti tra periodi buoni e periodi tristi, ma avete preso la decisione di cambiare, significa che vi trovate alla <u>base del purgatorio,</u> dove vedete a tratti il sole. Infine, se vi **sentite soddisfatti** e state avanzando nella luce, vuol dire che siete ad un **passo dal cielo**, verso il paradiso terrestre e quello successivo. Questo è il vero successo del libro, a prescindere dall'incantevolezza dei versi.

Avrete già afferrato l'idea, quindi, che l'inferno, il purgatorio ed il paradiso, sono degli stati di consapevolezza della coscienza che sono presenti adesso nella vostra vita. In quest'ottica non esiste il passato e il futuro, ma solo il presente: adesso e qui.

Da questa prospettiva possiamo dire che il viaggio di Dante è uguale alla vostra situazione, anche se non ne siete coscienti, rappresentabile con una "Clessidra", in cui la parte superiore è bianca piena di luce, mentre quella di sotto è nera e buia (lato oscuro). Man mano che salite, la luce è sempre più ampia e concentrata; mentre, man mano che si scende le tenebre sono sempre più buie e l'angoscia è più fitta. Alcuni amici a cui ho riferito questo concetto, si sono tatuati una clessidra per ricordarselo, ma essendo degli accaniti tifosi, hanno messo i colori rossoneri, l'altro neroazzurro e l'altro giallorosso, ritenendo un sacrilegio mettere il colore bianconero. Ma il concetto è lo stesso: l'importante è sapere che sopra è il lato positivo (D'io) e sotto quello negativo (l'Ombra).

Dante all'apice della piramide romboidale di luce ha posto il Maestro e la Madonna e personalmente non saprei chi avrebbe potuto metterci se non loro, pur essendoci stati tantissimi illuminati, ma nessuno alla loro altezza di umiltà.

Se Dante non esistesse, bisognerebbe inventarlo e gli italiani gli devono molto, non solo il ritorno del concetto di Patria e dell'Italia, ma persino la bandiera tricolore, **raffigurata** dal poeta nell'anticamera del Paradiso dietro il carro dell'Altissimo, dalle **tre splendide ragazze** vestite di **Rosso, Bianco e verde** a indicare **la carità, la fede e la speranza**, utilizzata poi nei moti rivoluzionari della Repubblica Cispadana che avvenne a Reggio Emilia 7 gennaio 1797, precursore della liberazione dell'Italia.

La gente è angosciata anche per cose inesistenti come la morte, pur sapendo che finché siamo in vita non c'è morte, mentre quando saremo trapassati non ci saremo noi, quindi perché preoccuparsi di essa, come diceva il filosofo greco Epicuro?

La verità del perché abbiamo paura della morte, inconsciamente la sappiamo benissimo … Rifletteteci.

La verità è che abbiamo paura di aver perso l'opportunità che ci è stata data in questa vita per innalzarci. Questo potrà dirvelo soltanto colui che si trova in punto di morte. Immaginate un attimo, **senza preoccuparvi**, di dover lasciare questo mondo oggi, messo a parte gli affetti, ma concentrandovi su cosa vorreste modificare sulla vostra vita. Univoco sarà il vostro intento: eliminare tutto il male che avete fatto, con azioni o omissioni, pentirsi e sentirsi stupidi per averlo fatto per <u>orgoglio, avarizia o per invidia</u>. I Vostri antenati, in ultimo i Bisnonni o i nonni o addirittura i genitori, ci sono già passati. Non per niente gli antichi dicevano: vivi come se fosse il tuo ultimo giorno, e studia (e conosci) come se dovessi vivere in eterno (Seneca e Marco Aurelio, imperatore romano).

Allora perché aspettare l'ultimo respiro per prendere una ferma decisione e ammettere di aver sbagliato nella vita – non ci riferiamo al partner o agli affari, non siate banali - ossia di **non** aver dedicato la propria vita per innalzarsi verso l'alto, per ritornare a **essere se stessi**, felici e soddisfatti in questa vita terrena e quella successiva che verrà.

Dante disse: **"fatti non foste per viver come bruti ma per seguir virtute e conoscenze"** che tradotto significa che non siamo nati per essere malvagi ma per seguire il bene e le conoscenze.

Nelle filosofie orientali questo concetto viene negato insegnando che questo sia frutto della nostra mente e che **non ci sia un progetto di Dio** che non esiste, riducendo la vita a quella che è, senza prospettive illusorie future. In verità vivere senza credere in una missione e senza scopi, corrisponde a vivere a metà e senza senso. Ognuno di noi è nato con una missione, basta solo individuarla aprendosi al D'io interiore.

La favola di Ebenezer Scrooge, avaro finanziere londinese, nel film o cartone animato descritta nel **Canto di Natale**, in cui riceve di notte la visita di 3 spiriti, ci fa capire chiaramente questo concetto: che non è <u>troppo tardi per cambiare</u> e per vedere al di là del proprio naso.

La purezza della vostra coscienza se sarà offuscato dalle troppe negatività, dopo la morte terrena, resterà imprigionata in un limbo di angoscia perpetua in qualche memoria d'atomo sulla terra, come un **brutto sogno angoscioso** ed eterno; al contrario se vi liberate dalle negatività e cambiate, vivrete con la vostra coscienza in qualche memoria d'atomo del cielo come in un sogno bellissimo: non ci sarà niente di materiale ma spirituale e leggero insieme alla vostra coscienza felice. Questo è quello che viene spiegato come l'anima che va in cielo. Ora non chiedetemi in quale parte del cielo.

D'altra parte niente sembra più veritiero e reale dell'esperienza onirica quando sogniamo: immaginate dopo la morte di trovarsi in un sogno eterno, voi percepireste l'angoscia o la felicità del sogno come se fosse vera.

La prossima vita, o il c.d. paradiso, sarà come un sogno che vivremo con la nostra coscienza pura e semplice, oppure con la nostra coscienza sporca, con la differenza che adesso **siete vivi e quando vi svegliate, fate un sospiro di sollievo**, ma dopo trapassati **il sogno continuerà in eterno** e saranno catti amari veramente. A meno che vi venga data una nuova possibilità terrena, ammesso che vi possa essere.

Ecco perché dovreste pregare per i vostri defunti e non delegare altri a farlo o andare il 2 novembre a portare fiori, perché le vostre preghiere arriveranno a destinazione e allevieranno le sofferenze del vostro "caro estinto" che si trova con la coscienza in un **mondo parallelo di sogno**, che è più reale della vita terrena che vediamo, la quale a detto di qualcuno è la vita terrena a essere illusoria o addirittura programmata in matrix.

Coloro che si sono svegliati dal coma e ritornati in vita, possono confermarvi che quella "luce" li attraeva più della vita terrena e a malincuore sono stati di nuovo catapultati in vita.

Il troppo uso dei cinque sensi durante il giorno, su cui fanno leva le negatività della vostra Ombra, specialmente in età adulta, provoca un'alterazione delle **"oscillazioni cerebrali"**: è così preciso che ci avviciniamo alla matematica e nessuno può scappare.

CAPITOLO 10

LE OSCILLARIONI CEREBRALI

Oltre alle c.d. educazioni della società, abbiamo già accennato ad altri fattori che portano il bambino a cambiare da adulto, ossia delle **oscillazioni cerebrali** del nostro cervello. Infatti solo attraverso la meditazione ed i c.d "bagni di luce" possiamo gestire e rallentare queste oscillazioni.

Se dopo aver letto la prima parte, avete accettato D'io che è al vostro interno, semplicemente dicendo: "io credo nel mio D'io" e se avete aggiunto anche: "io sono il servo del mio D'io", avrete notato che qualcosa è cambiato nella vostra vita. In sostanza abbiamo solo scoperto il tetto della costruzione, ma l'edificio sottostante spetterà a voi cercarlo. Questo vi darà sì una forte base dove partire che è già moltissimo, ma per l'elevazione fino all'illuminazione la strada è lunga e straordinariamente esaltante. Procediamo per gradi.

È importante sapere che le varie maschere che assumiamo diventando adulti portano delle conseguenze anche a livello cerebrale.

Infatti, il cervello di un bambino emette in modo naturale dalle 8 alle 13 oscillazioni cerebrali al secondo, chiamati "ritmi ALFA" perché è trainato solo dal "Cavallo Bianco". Man mano che cresce e utilizza solo i cinque sensi, l'attività cerebrale aumenta fino ad arrivare a 18, chiamate "onde BETA" che diventano dominanti, con tutto lo stress che ne consegue.

Una frequenza più lenta dalle 5 alle 8 vibrazioni cerebrali vengono chiamate "onde THETA"; mentre sotto le 5 oscillazioni vengono denominate "onde DELTA".

Questi concetti servono per capire l'utilità della meditazione e del rilassamento che spiegheremo in modo semplice più avanti; per il momento tenete presente lo schema sulle oscillazioni del cervello, utili per conoscere il motivo del perché a volte siete angosciati e a volte esuberanti.

A seconda della loro frequenza esse si suddividono:

- Onde **DELTA** dalle 1-4 oscillazioni, è lo stato di **sonno profondo**, sono caratterizzate da una frequenza che va da 0,1 a 3,9 Hertz;

- Onde **THETA** dalle 4/8 oscillazioni, è lo **stato di dormiveglia** prima di addormentarci e poco prima di svegliarci; sono caratterizzate da una frequenza dai 4 ai 7,9 Hertz;

- *** Onde ALFA dalle 8-13 oscillazioni, proprio dei bambini, a cui dobbiamo rieducarci; ed è lo stato della pace interiore, dove si riesce ad imparare con facilità e a pensare veramente; oppure è lo stato dove siete veramente esuberanti e felici, come se aveste assunte delle droghe;** sono caratterizzate da una frequenza da 8 a 13,9 Hertz; (la clessidra in questo caso è in equilibrio);

- Onde **BETA** dalle 14-30 oscillazioni del cervello, quando usiamo i cinque sensi che portano a uno stress continuo il corpo e la mente, con intensa attività mentale; sono caratterizzate da una frequenza dai 14 ai 30 Hertz e rappresentano un campanello d'allarme;

- Onde **GAMMA** dalle 30/42 oscillazioni caratterizzate da una frequenza uguale di Hertz; rappresentano una **situazione di particolare tensione** e quindi di estremo pericolo. Esse, si percepiscono quando si ha un forte stress dovuto a fatti eccezionali che portano a un'ansia particolare che somiglia ad un vuoto, senza via d'uscita. Si ha nelle forti **delusioni d'amore**; nella persona **oberato dai debiti**; nella **perdita scioccante** di un proprio caro; nelle situazione di **violenza sessuale**, nella situazione di **bullismo, ecc.** Possono portare ad una via di non ritorno all'io originale, pur sentendovi sempre voi stessi, inserendosi senza che ve ne accorgiate una sottile depressione o dei "deliri" che vi porteranno a distorcere la realtà con ragionamenti "fuori controllo" e inesistenti nella realtà, convincendovi di essere perseguitati o dominati da un'altra entità che vi tiene succubo. Queste situazioni possono emergere anche a **distanza di tempo dall'evento traumatico** senza che voi possiate rendervene conto, portandovi all'**esaurimento** o in casi estremi anche al **suicidio**.

Le oscillazioni cerebrali vengono stimolate e influenzate dalla musica a seconda delle frequenza hertz, pertanto ascoltate la musica (positiva) di vostro gradimento perché creano una riduzione delle citate onde che portano a rilassarvi: questo è il segreto del successo della musica.

Sicuramente ricorderete quando siete entrati in chiesa per pregare perché ansiosi o preoccupati per qualcosa e poi uscirne più sereni e fiduciosi.

Pregando in silenzio, le onde cerebrali BETA stressanti, sono diminuite allo stato ALFA, avviene quello che in gergo diciamo "staccare la spina", per cui chi non ha altri metodi per le mani, consiglio di andare in chiesa specialmente quando è vuota e mettersi davanti ad una candela accesa ascoltando il silenzio. Tutto ciò sparirà comunque quando prenderete coscienza del vostro D'io interiore, perché come d'incanto le oscillazioni cerebrali manterranno sempre il trend positivo dello stato Alfa, come avrete già notato su voi stessi.

Anche chi fa uso di stupefacenti, non conoscendo altri mezzi di rilassamento, con l'assunzione non fa altro che passare dalle stressanti onde beta alle onde alfa, sentendosi più sereno e tranquillo per breve tempo, salvo poi pagare dopo CON LA DIPENDENZA e con il raddoppio della depressione e del deperimento psico-fisico, **se non finisce in obitorio per un'overdose o sulla strada per aver speso tutti i soldi in droghe inutili.**

Sostanzialmente le droghe riescono a spostare per breve tempo le proprie "Ombre" e a posizionarle sotto il controllo della "Luce", in una parola il drogato ritorna ad essere con la potenzialità dei bambini ma con un fisico sotto schoc ed appena finito l'effetto, l'Ombra ritornerà **più forte di prima come uno tsunami**, aggravando il disagio e l'angoscia interiore. Se voi parlate con un drogato vi dirà che lui sta vivendo una vita che voi neanche immaginate, mentre in effetti lui sta vivendo una vita che aveva già da bambino, ma che ha dimenticato: questo libro insegnerà ai giovani come recuperare senza droghe quel bambino che ha dimenticato.

L'Ombra è così subdola che a vostra insaputa v'incoraggia e permette di drogarvi per farvi ritrovare la Luce ed il vostro D'io interiore per breve tempo, perché sa che dopo potrà controllarvi meglio e per tutta la vita: ossia potrà distruggervi a suo piacimento.

Tuttavia si può arrivare ugualmente al medesimo stato meditando, distaccandosi e riempiendosi di luce.

Potremmo definire lo scopo di questo libro con una terminologia adatta ai giovani (che sono i principali destinatari), come quello di ritrovare uno **sballo naturale permanente,** più salutare e a costo zero, ma soprattutto alla portata di tutti, visto che il vostro D'io è dentro di voi e vi seguirà per tutta la vostra vita.

Ecco perché il nostro punto di riferimento sono **i bambini** che sono sempre nello stato Alfa in modo naturale, fino a quando in età adulta non saranno sopraffatti e condizionati dai falsi ideali che li porteranno ad accelerare le oscillazioni cerebrali e a dimenticarsi di se stesso.

CAPITOLO 11

I BAMBINI

Interrogato un giorno, su come avviene il Regno dei cieli, il Maestro rispose: **"Se non diventerete piccoli come questo bambino, non entrerete nel Regno dei cieli"**, e chiarisce: **"Il Regno dei cieli non viene come un oggetto visibile e non si dirà: è qui, oppure là. Perché il Regno dei cieli è dentro di voi" (Luca 17,20)**.

Avrete capito subito che il ritorno a se stessi, altro non è che ritornare alla trinità del bambino ma con la consapevolezza da adulto: cosa solo apparentemente facile. Peter Pan quando si ritrovò nell' "isola che non c'è" non ricordava nulla di quando era bambino, nello stupore dei suoi piccoli amici che non riuscivano a credere come fosse cambiato, così tanto da non ricordare che era un eroe e non riusciva a ricordare il suo "pensiero felice".

È strano anche per me e mi rendo conto che sto spiegando il più grande mistero dell'umanità di tutti i tempi, servendomi delle favole, ma vi posso garantire che non è facile trovare un'altra strada più semplice per la comprensione e immagino che qualche criticone mi darà addosso per aver violato l'ortodossia dell'alta dottrina. Mi consola il Maestro perché se lui ha rivelato il mistero della fede con parabole, vuol dire che anch'io posso prendermi una licenza con le favole.

L'adulto ha un solo modo per ritornare bambino, come spiega il Maestro, ossia tramite la meditazione, la luce e la preghiera, come esamineremo nel dettaglio in avanti. Non insegnate a vostri bambini a pregare perché non ne hanno bisogno, viceversa imparate a pregare voi che ne avete più bisogno di loro per ritrovare voi stessi.

Nei bambini fino a due/tre anni, non esiste la tripartizione di corpo, io-pensiero e D'io, dal momento che hanno il privilegio di essere, a loro insaputa, **una cosa sola: una Trinità.** La loro sfortuna è che credono che anche gli adulti siano una trinità come loro**; ossia: buoni, puri e saggi. I bambini praticano la meditazione in modo naturale e spontaneo, senza formule yoghiste o tibetane, per cui riteniamo che siano utili, ma non esclusive.**

Per questo motivo restiamo stupefatti quando ascoltiamo dai bambini delle cose così sagge da lasciarci senza fiato, oppure quando vediamo un bambino di 3/4 anni eseguire al pianoforte un brano difficilissimo.

Sono capaci di assorbire senza sforzo qualsiasi cosa, persino di imparare dieci lingue diverse inconsapevolmente in modo naturale, perché la loro trinità è consolidata con tutte le potenzialità miracolose che abbiamo accennato. Insomma se volete vedere il vero volto di Dio, osservate un bambino di pochi anni.

Se portate un bambino di 3-4 anni all'estero, in pochi giorni imparerà a parlare con gli altri bambini del luogo in quella lingua, come se avesse il dono della telepatia; se portate nello stesso posto 20 anni dopo lo stesso bambino-adulto, non saprà spiccicare una parola. Questo è già un esperimento dei poteri extrasensoriali del nostro D'io interiore. Mettete insieme due bambini di nazionalità diversa di due anni, dopo 5 minuti, comunicheranno tra loro telepaticamente, dopo aver superato la timidezza.

Ma come ha fatto quel bambino a parlare subito quella lingua? Molti l'attribuiscono all'intelligenza del bambino. Non è così, perché tutti i bambini sono intelligenti. La risposta è che i bambini hanno il loro D'io attivo senza virus da falso ego. Conseguentemente, anche gli adulti possono farlo, eliminando la loro "maschera", ossia il loro falso io. Insomma i bambini hanno quei super-poteri di telepatia, chiaroveggenza e altro, ma sono limitati non avendo la consapevolezza e l'autonomia, per cui sono subordinati agli educatori, in primis ai genitori.

Purtroppo la potenzialità dei bambini, se pur eccezionale, è fragile perché facilmente influenzabile dal mondo esterno, non avendo un'autodifesa psicologica autonoma: ignorano l'egoismo e le nefandezze degli adulti. Anzi, gli adulti, impietositi, avvertono sempre i bambini di cosa li aspetterà da adulti: "gioca e divertiti adesso che da grande non sarà così": ahi quanti danni facciamo!

Questa è l'età dove i bambini non devono essere scandalizzati o traumatizzati e non devono essere maltrattati per nessuna ragione; ma soprattutto evitate di inculcargli paure inesistenti. Sono più adulti di noi e possono comprendere ciò che è giusto o meno se spiegato con ragionamento. Il problema è che i bambini non conoscono i pericoli e vanno a ruota libera, non perché sono incauti, ma perché sanno di avere dei poteri straordinari.

Può capitare che per salvare la loro incolumità fisica, a volte siamo costretti ad assumere atteggiamenti più decisi, ma per nessuna ragione offenderli nella dignità: una parola, buttata lì per caso contro la loro personalità produrrà effetti che lo allontaneranno irreversibilmente dalla loro trinicità e porrete le basi per creargli quel falso-io che tanti danni gli procurerà in futuro e alla prima occasione lo convincerà a farsi una canna.

Spiegate loro che dentro sono degli eroi invincibili e debbono volare con l'arma del pensiero e dello spirito per combattere i cattivi e che il corpo esterno invece è una "Res extensa" fatta di carne, insomma che si può volare solo con lo Spirito come Superman.

La famosa frase: <<Mazze e panedd fanno i figli belli>> creano forse dei figli timorosi dei genitori, ma alla lunga faranno emergere le ombre nei loro bambini, prima o poi.

A partire dai 2/3 anni, nei bambini inizia lentamente una scissione dal vero D'io interiore (con l'aiuto magistrale degli adulti), che li porterà dai 5 anni in su, a crearsi un ego-PENSIERO AUTONOMO distaccato dal vero D'Io. Da quel momento non sarà più il loro vero D'IO a governare la loro vita interna-esterna, bensì il loro "EGO PENSANTE" con il proprio libero arbitrio e il sopravvento dominante dei cinque sensi.

Succede proprio così: tutti i bambini, poveri o ricchi, all'inizio vivono intensamente e felici come in un paradiso terrestre, arrivati ai 5-7 anni, pian piano iniziano a perdere quella spontaneità, alzando i ritmi da Alfa a Beta, per ritrovarsi di colpo in un mondo di adulti completamente cambiati, senza ricordare com'erano prima. La scuola per com'è strutturata oggi, gli darà la mazzata finale, specialmente **dopo** la scuola primaria dove vengono tuffati ad un prematuro indottrinamento con un borsone di libri da trasportare.

I primi tre anni delle elementari dovrebbero essere una prosecuzione di quella primaria dove vengono abbinati il gioco all'insegnamento di gruppo senza compiti a casa. Non si perderà niente culturalmente. Se prendete 10 ragazzini di 9 anni che si sono divertiti senza mai studiare e li mettete in una classe insieme, in un anno di studio impareranno a leggere e scrivere meglio dei ragazzi che hanno fatto tre anni di scuola elementare. Quindi a cosa serve privare i ragazzini del gioco e della spensieratezza almeno fino ai 9 anni? L'istruzione fino a quest'età deve essere un gioco e imparare divertendosi e creando. La riforma Gentile della scuola aveva un senso se ai ragazzi delle elementari si danno solo due libri (lettura e sussidiario come una volta) e non come oggi che neanche con il carrello lo scolaro riesce a trasportarli (l'illusione della cultura l'ho definita). Senza queste attenzioni i ragazzi sono soggetti alla dispersione culturale. Leonardo da Vinci se fosse nato oggi non sarebbe diventato ciò che è diventato e Bethoven sarebbe un musicista da strapazzo.

La scuola va cambiata radicalmente perché la sua funzione è la crescita di quello che hanno dentro e non bloccarli con una spietata e illusoria erudizione. Bisogna mostrare come si fa cultura con volontari pittori che dipingono in classe un cielo e un paesaggio senza teorie astratte, perché semplicemente guardando il bambino capirà e si appassionerà; lo stesso per la musica; così solo guardando un tecnico che smonta un computer davanti a loro, i ragazzi impareranno senza studiare. La scuola materna è la vera università umanistica della società che non viene sfruttata al massimo. Non dimenticherò mai lo sguardo dei ragazzi quando al primo giorno di scuola elementare si sono trovati dietro un banco come incastrati in una trappola degli adulti. I genitori che non vedono l'ora di parcheggiare i figli all'asilo nido, dovrebbero far cultura già dal primo mese ai loro figli, ad esempio facendogli guardare video in inglese per impararlo senza sforzo, oppure dei video di pianoforte o di pittura: vi sembrerà di perder tempo, invece porrete le basi per avere dei piccoli geni con il minimo sforzo.

Insomma alla prima elementare i bambini capiscono che la scuola non è il posto fantastico prospettatogli dai genitori e altrettanto succede al catechismo, peraltro oggi affidato a privati dopo un corso accelerato che sono meglio delle suore di una volta che insegnavano alle bambine di non toccarsi tra le gambe, dove vengono spiegate cose basate sulla cieca fede e non sulla logica come se fossero dei piccoli cretini, laddove invece hanno poteri straordinari dentro che non vengono sfruttati (immagino che la notizia creerà un po' critiche, ma è la verità ed i ragazzi lo capiscono subito, qualcuno si adegua e ride sotto i baffi, ma molti si dileguano).

Così avviene in ogni bambino nel momento in cui perdono la devozione verso i genitori e iniziano a sentire la vergogna, in quel preciso momento sarà già cambiato qualcosa in loro. Ovviamente l'educazione è giusta, ma le modalità sono spesse sbagliate. Infatti, si dovrebbe spiegare il rispetto per gli altri e non rimproverare il gesto in se stesso.

Gli illuminati godono meglio i piaceri della vita, al contrario di quelli che sono pieni di paura, di dubbi, di egoismo e che vivono alla giornata, sperando che sia un giorno buono. Magari qualcuno pensa che solo l'aver guadagnato bene corrisponda a una buona giornata.

La consapevolezza dei cinque sensi "umani" è necessaria per la maturazione del bambino, ma dovrebbe essere senza la perdita del loro "sesto senso" e della conoscenza del loro "vero io" (o D'io interiore). Purtroppo è quello che succede, perché i bambini crescendo, pian piano dimenticano del funzionamento del meccanismo del loro D'io interno, con la conseguenza di dimenticare anche i poteri che avevano. Ci siete passati anche voi ed io.

Il desiderio dei bambini è di aiutare i loro genitori, da qui la loro voglia di diventare adulti per esercitare meglio tutte le facoltà che sanno di avere in quel momento; ma crescendo cadono nella "trappola degli adulti", accettando passivamente il gioco dell'imitazione dei grandi, ignorando che ciò li porterà ad allontanarsi da ciò che erano e assumendo poi a loro volta da adulti, tutta una serie di maschere che non corrisponderanno più alla loro vera "essenza interiore" ed al loro vero "D'io". Insomma alla fine saranno loro stessi a dover essere aiutati (Leggi: il Mito della Caverna).

Da adulti avviene il contrario, si sta tutta la vita a cercare quel tesoro che si è perso, dove tutto era più facile e più bello: i cantanti devono imparare come respirano i bambini; i poeti ritornare con l'animo del bambino; i pittori ritrovare la creatività dei bambini; ecc.

Sperimentare la cruda verità degli adulti è il primo vero choc a cui nessuno si può sottrarre. Tutto è diventato più difficile e meno gioioso, tanto da crearci delle maschere per difenderci da un mondo troppo aggressivo e ingiusto. Le prime prove tecniche sono le piccole bugie da piccoli per arrivare alle grandi aberrazioni da adulti.

Alcuni filosofi sostengono che noi nasciamo su un carro guidato da un cavallo bianco che tira verso il bene e un cavallo nero che ci porta dall'altra direzione. Niente di più errato, atteso che i bambini nascono con un carro guidato da un solo cavallo bianco e solo dopo, presi dalla voglia d'imitazione degli adulti, o dalle paure inculcategli, i bambini inconsciamente inseriscono un cavallo nero, a seguito delle mortificazioni, dei divieti, degli insulti, del bigottismo, del bullismo subito, ecc. che gli vengono propinati involontariamente proprio da coloro che più li amano: dai genitori, dalla famiglia, dagli amici, dalla scuola, dalla politica, dalle religioni, ecc.

Ne consegue che nessun bambino nasce con il c.d. "peccato originale", che viene acquisito successivamente con il distacco dal "vero D'io".

Questa è la vera uguaglianza tra gli esseri umani, in quanto nasciamo con le identiche potenzialità interiori. Il corpo esteriore è solo una facciata, anche i diversamente abili hanno questa potenzialità, per cui questo libro sarà per loro il vero riscatto. Non si tratta di essere poveri o ricchi, belli o brutti, sani o su una sedia a rotella, ma si tratta di rompere le catene e di liberarsi dai conformismi illusori e di ritrovare il vostro vero D'io che conoscevate da bambini. Questa è la vera **rivoluzione interiore** che dovete fare al più presto, per cambiare sia voi che il vostro mondo, in un mondo migliore (Ramazzotti).

A volte diventano cavalli neri anche quei tentativi di insegnare una fede al bambino senza poi rispondere adeguatamente alle risposte dello stesso.

Qualunque genitore si è visto fare la domanda dal figlio: <<ma prima dov'ero io?>> rimanendo sempre con risposte vaghe. Così pensate ad esempio alla delusione del bambino che già a 6/7 anni capisce che Babbo Natale non esiste, se non nel mondo dei desideri, oppure che Gesù bambino non nasce ogni

Natale. Trattiamo i bambini da piccoli cretini inconsapevoli, laddove invece questi sono dei piccoli adulti, perché dotati e governati dal loro D'io interiore, per cui avrebbero bisogno di risposte più logiche o quantomeno accettabili razionalmente.

Quando i vostri bambini vi chiederanno: "dov'ero io prima di nascere?", potrete risponder dicendogli che prima era energia elettro-spirituale (Luce) che si è condensata in lui, tramite i genitori: il come lo scoprirà più avanti.

CAPITOLO 12

IMMORTALITA' SCIENTIFICA di D'IO e di DIO

Per tentare di spiegare il concetto dell'immortalità di Dio, dovremo utilizzare passaggi tecnici di matematica e fisica elementari **(non sono neanche degno a nominare queste discipline per la mia ignoranza in materia)**, oggi ufficialmente riconosciute, pertanto coloro che non masticano queste materie, troveranno più difficile comprendere il discorso logico, e per questo motivo l'abbiamo lasciato in ultimo essendo un po' noioso.

Con il termine "Spirituale", derivante dall'antico greco, veniva indicato semplicemente qualcosa di "Leggero" (pneuma), in contrapposizione alla materia visibile e pesante. Già 2500 anni fa gli antichi greci da Empedocle a Democrito in poi (Agrigento), sapevano che esistono degli atomi pesanti e atomi leggeri.

Atomo, indicava la parte più piccola, indivisibile e immutabile, di qualsiasi cosa, anche se adesso sappiamo che l'atomo è un universo di parti infinitesimali composta da circa l'1% da materia e dal 99% dal vuoto tra le particelle atomiche.

La nostra impostazione segue ovviamente quella della scienza ufficiale, secondo la quale nell'atomo esiste una componente pesante visibile ed una leggera ondulatoria, i cui effetti invisibili sono parzialmente conosciuti.

Posto che, a quanto dicono, potrebbero esistere fenomeni atomici che sono più veloci della luce, a oggi inspiegabili (V. teoria delle stringhe); bisogna ammettere che vi è una parte vuota da riempire nella linea spazio/tempo (diversamente sarebbe un paradosso, ossia una contro-opinione pregiudiziale). Questo è il limite degli scienziati che disconoscono l'esistenza di una parte spirituale dell'universo.

Ponendo gli assi dello Spazio e del Tempo, tracciata la linea C della luce a 45° (per comodità espositiva), possiamo affermare che tutto è uno, ma considerando che:

1) tutto ciò che rientra nella parte superiore –C (dove la velocità è inferiore alla luce), è l'Universo Fisico visibile, conoscibile e mutabile;

2) e tutto ciò che rientra nella spazio sottostante del piano cartesiano (+C), riguarda l'Universo elettro-spirituale non visibile (dove la velocità è superiore alla luce), che sarebbe il c.d. "vuoto o nulla", presente sia nell'atomo come nel cosmo che sta facendo impazzire gli scienziati;

3) e se il tutto è Uno ed il tutto deve essere considerato nella sua pienezza, possiamo affermare che **il tutto fa parte di un'unica cosa**;

4) Ne deriva che la costante delimitativa tra i due universi visibile-invisibile, ossia quello che convenzionalmente chiamano fisica e metafisica, sia la curva del principio "0" e la velocità della luce "C".

Quindi il Dio Universale, ovvero l'Energia Spirituale leggerissima, è il principio e l'infinito e si trova nel **senza spazio-tempo**, ossia **nell'antimateria per eccellenza**. Ovviamente dopo la curva C ci sono vari gradi prima di arrivare alla linea dell'infinito (vari gradi di cielo diciamo).

Il grafico elementare sottostante spiegherà meglio quanto espresso, tenendo presente che il grafico vale sia per il microcosmo che per il macrocosmo, quindi sia all'universo che ad ogni cosa esistente, compreso voi stessi:

```
Spazio ∞                    0C= confine tra fisica e metafisica=

^                           Confine tra materia e metamateria

                              . C=velocità della Luce

     - C                        .  ( +/- 300.000 Km/S)

                                   .

UNIVERSO FISICO  1% MATERIA      .        +C

(mondo delle cose e del divenire)   .   ENERGIA ELETTRO-SPIRITUALE

   NATURA VISIBILE        .              DIO

Conoscibile e trasformab.    .            SUPERMONDO (Zichichi)

                    .            ( Mondo delle idee o mondo dell'essenza)

               .                    Senza spazio/tempo

          .                        - Vuoto della scienza 99%

       .                        MOTORE DELLA NATURA E DEL COSMO

    .                           MONDO DELLA COSCIENZA UNIVERSALE

0  = Big bang  .................................................... > Tempo ∞
```

Linea di Dio nel tempo/spazio: D= Energia elettro-Spirituale = 0 TS ∞

Ossia: Dio = il principio e l'infinito spazio/tempo eterno

come nel micro-cosmo così nel macro-cosmo (Galileo).

Il collegamento tra il mondo fisico e quello metafisico avviene tramite le "onde elettro-spirituali" o "Spirito Santo" a dir si voglia.

Se tutto ciò che vediamo e che riusciamo a spiegare è minore di C, quello che non riusciamo a spiegare, e sono tante cose tra cui la vita, vuol dire che viaggia a +C, cioè ad una velocità superiore alla luce.

L'energia elettro-spirituale (Dio o Spirito Santo: è uguale), è immortale perché viaggia a una velocità infinitamente più veloce di quella della luce, che al paragone, sembra una formica. Se facessimo per **una settimana** il giro del mondo con un razzo che viaggia alla velocità della luce, quando scenderemmo a terra troveremmo le persone invecchiate di 50 anni e passa. Questo è scientificamente provato.

Potremmo definire Dio come l'antimateria per eccellenza. Praticamente l'energia elettro-spirituale (Dio) è immobile nello spazio-tempo pur viaggiando ad una velocità INFINITAMENTE più veloce della luce e per tal motivo è anche immutabile e perenne (per sempre).

Immaginate se l'uomo dovesse viaggiare alla velocità di Dio (che nello schema sarebbe la velocità della linea 0 ∞T), praticamente **il tempo non trascorrerebbe mai**, ma rimarrebbe immutabile ed eterno, pur con noi a bordo che non invecchieremmo e la materia non deperirebbe. Quindi il vostro corpo non è niente in confronto al vostro spirito interno (D'io) che **è immutabile ed eterno**. Voi siete il vostro capitano e sapete come condurre la vostra nave (coscienza): se in alto o alla deriva dipende da voi.

Questi due campi dell'universo, della materia e dello spirito; della fisica e della metafisica, pur interconnessi tra loro, hanno creato una divisione nell'umanità, a partire da Galileo, che con l'affermazione del **metodo scientifico e sperimentale**, è avvenuto tra le scienze e le religioni un tacito compromesso storico, per cui entrambe dovevano viaggiare parallelamente senza invadere i rispettivi campi, una sorta di "convergenza parallela" senza invasione di campo. Il filosofo tedesco Kant, dette poi il colpo finale, sentenziando che la metafisica non poteva essere una scienza, non potendo fornire un "giudizio sintetico a priori", che pare a noi, di aver rudimentalmente posto.

L'ultimo tentativo di dare una connotazione scientifica alla materia della metafisica e dello spirito, risale a Cartesio (1596-1650) ma i tempi non erano maturi e forse non lo sono neanche adesso.

La scienza, al contrario dei cultori della metafisica, tende sempre a espandere la conoscenza (e meno male), ma purtroppo, sembra sia arrivata al capolinea della conoscenza perché mancano le risorse per andare a vedere cosa ci sia nelle altre galassie o nei buchi neri per scoprire l'antimateria, pur tuttavia questo non è il capolinea ma l'inizio di una nuova era.

Da qui la necessità, per loro, di aprire le porte del D'io interiore per scoprire l'infinito, per poter dare l'intuizione giusta ad esso.

Empedocle in Sicilia, Pitagora in Calabria, Socrate, Platone, Aristotele ad Atene, Democrito, Parmenide ad Elea, Giordano Bruno in Campania, Plotino a Roma, ecc., senza strumenti, come avrebbero potuto parlare di "atomi", di "anima", di "Universo", di Terra a sfera, e di tantissime altre cose incredibilmente accertate scientificamente oggi, se non fossero stati illuminati da qualcosa? Quali attrezzi scientifici avevano se non il proprio D'io interiore.

Newton non avrebbe mai scoperto la legge di gravità se, oltre alle sue competenze matematiche, il suo portale non fosse stato aperto a recepire il segnale dall'alto. Einstein non avrebbe scoperto la relatività ristretta e generale, così Leonardo da Vinci espresso il suo genio nell'arte, senza ricevere quelle intuizioni mentre dormivano o meditavano, per poi svilupparle nella veglia, grazie alla loro tenacia maniacale di voler scoprire.

Gli scienziati sono a un punto di arrivo della ricerca senza sbocchi, soltanto con l'aiuto della spiritualità possono ampliare il campo della conoscenza umana e scientifica: per capire l'universo o i multi-universi è necessario teorizzare il concetto anche se astratto o almeno accettarlo per scoprire l'equazione, così una formica non può capire il sistema solare se antepone le formule matematiche al concetto, nel senso che senza formula nulla è valido.

Eppure Giordano Bruno (m. 1600) quando teorizzò il cosmo e disse che le stelle che vediamo sono dei sistemi solari uguali al nostro, nel senso che intorno alle stelle ci sono pianeti che girano intorno ad esse, preferì essere arso vivo che rinunciare alla libertà di pensiero. Ed è inaccettabile che invece di farlo Santo a oggi risulta ancora scomunicato dalla Chiesa, la quale ha sì chiesto perdono per gli errori del passato, ma senza togliere la scomunica che in se e per se non vale niente, ma continua a gettare ombra sull'Istituzione.

Quando nel 1877 posero la sua statua con le spalle al Vaticano, ci fu anche qualche cardinale che s'indignò per l'affronto, invece di andare a prostrarsi e chiedere scusa. Togliere quell'ingiusta scomunica ed avviare un processo di beatificazione del Santo del Libero Pensiero, essendo peraltro stato figlio della Chiesa con i suoi limiti dovuti alla sua mente aperta. Se oggi si dovesse iniziare il processo di santità per Maria Maddalena che era una prostituta, quale possibilità avrebbe con i parametri di santità odierni? Per non parlare di S. Pietro che le bestemmie si sentivano in tutta la Giudea; o se volete di S. Francesco che si convertì solo dopo essere stato in guerra di fazioni locali e probabilmente aveva anche qualche morto sulla coscienza.

Santo è chi ha avuto una sant'illuminazione anche se a 100 anni e anche se prima è stato un efferato mafioso, ammesso che si sia convertito rimediando al male finché ne aveva la possibilità; in caso contrario neanche riusciamo ad immaginare quali bei sogni starà facendo la coscienza del fratello Totò Riina nel mondo spirituale (terreno o celestiale) per il male che ha fatto.

La frase subliminale di credere nei vostri sogni, non indica solo i propri desideri, ma delinea l'aspetto di credere nel proprio D'io e quindi in se stesso.

Possiamo al momento solo intuire che questa sostanza leggerissima di energia spirituale che comunica tramite onde elettro-spirituali, abbia una memoria atomica ed è come un vaso che trabocca e ciò che fuoriesce tende a soddisfare l'esigenze della vita. Così come l'intero cosmo ha una memoria cosmica.

Sappiamo che materia segue un corso cosmologico meccanico (entropia), ma non sappiamo perché tutte le galassie se ne vanno in giro; mentre contemporaneamente la **componente elettro-spirituale** della materia segue un fine ultimo diverso; ma su questo "fine" possiamo azzardare l'ipotesi di un **Disegno Divino** spontaneo e naturale sul cui perché abbiamo già risposto: **per la creazione di un mondo parallelo di beatitudine esclusivamente spirituale**, tranne questa risposta rimane il vuoto ed il non-senso e siccome "Dio non gioca a dadi", presumiamo che un senso ce l'abbia.

Scoprire il disegno divino sarebbe come scoprire Dio stesso. Ma la domanda delle domande è: il Dio universale sopravviverà al Big Crunch dove tutta la materia dell'universo si annullerà (tra 5/20 miliardi di anni), comprimendosi in senso contrario rispetto al Big Bang. La risposta non può essere che positiva, essendo la natura di Dio senza tempo e senza spazio, privo di materia e pieno di energia elettro-spirituale che probabilmente si aprirà in un altro universo con un altro big bang dal lato opposto.

Concludendo quindi, come dicono i filosofi atomisti e marxisti, la spinta spirituale non è determinata dall'illusione delle masse per sconfiggere la paura della morte e dalla volontà delle religioni di soggiogare la gente con " l'oppio del popolo" (che purtroppo in parte è anche vero); **atteso che tale spinta spirituale ha origine diversa da quella prospettata dal buon Marx** (il cui unico sbaglio è di aver creduto che la realtà fosse riconducibile solo all'economia) **e relativamente da Tolstoj che sostenevano di chiudere le chiese,** al contrario di noi che diciamo di aprirle veramente in modo totale e chiaro nel rispetto delle leggi naturali dello Spirito e svelarne i misteri.

PARTE TERZA
LE LEGGI NATURALI DELLO SPIRITO

CAPITOLO 13

INTRODUZIONE

Su quest'argomento sono stati scritti fiumi di libri filosofici che messi insieme occuperebbero la biblioteca del Vaticano.

L'errore dei filosofi è di aver sempre inserito le leggi dello Spirito tra le leggi morali o etiche, appartenenti all'area umana e non alla natura. **La differenza è enorme,** perché ritenendo le leggi che governano lo spirito come semplici "valori", consigli o regole morali di condotte, si è lasciato intendere l'opportunità per l'uomo di adeguarsi ad esse, come se fossero una mera libera scelta, in base al loro libero arbitrio. Ciò è completamente errato.

Molti resteranno sconcertati nel saper che le leggi dello Spirito, sono leggi appartenenti alla "natura" così come le leggi che governano la fisica, per cui una **causa produce un effetto** e viceversa, con la differenza che gli effetti spirituali avvengono a nostro insaputa ed impercettibilmente.

La materia dello Spirito, leggera o spirituale, è ancora del tutto sconosciuta, ed è stata definita "metafisica" ovvero "oltre la fisica" (Spinoza), ma non è mai stata considerata una materia scientifica in quanto le cause e gli effetti sono impercettibili e non visibili ad occhi nudi.

Trasgredire una legge naturale dello Spirito (CAUSA) produrrà l'effetto di far risalire una certa quantità di "ombra" nella parte superiore di voi (ricordate la clessidra) che vi dominerà un po' alla volta fino a conquistare definitivamente a vostra insaputa il controllo del vostro vero "io" (EFFETTO), il risultato sarà che la vostra vita sarà piena di ansie, insoddisfazioni e sfiducia fino a perdere la dignità del vostro vero essere (SANZIONE SPIRITUALE).

IL TUTTO E' AUTOMATICO, anche se non abbiamo le prove matematiche, i fatti parlano al loro posto.

Anche qui, per dipanare definitivamente la matassa dei concetti, dovremo elencare una nuova nomenclatura, in modo da non confondere il lettore e per afferrarne meglio e subito il concetto.

In Filosofia queste leggi vengono anche erroneamente accozzagliate insieme come **norme di buona condotta morali, di etica o di virtù**. Questi tre nomenclatura o concetti sembrano simili e possono coincidere, ma sono labilmente differenti tra loro per la loro **portata, per il tempo e per lo spazio**

Per **"etica"**, s'intendono quelle norme di buona condotta universali, valevoli **per tutti, in ogni tempo e in ogni luogo**, che hanno la caratteristica di essere **"perentorie e imperative "** e sono universali perché appartengono alla natura, per cui l'uomo deve adeguarsi a esse senza allontanarsi, a pena di riceverne una impercettibile sanzione spirituale. Così, per esempio, essere umile e tentare di salvare la vita di una persona è una norma universale valevole in ogni tempo e in ogni luogo, per cui l'**Etica** corrisponde esattamente alle **Leggi naturali dello Spirito** e queste sono intimamente connesse con la nostra coscienza spirituale, ossia con il nostro D'io interiore, come spiegheremo dettagliatamente nella **sezione terza** di questo capitolo.

Le norme **"morali"**, invece, sono quei valori e quelle norme di buona condotta che **non** sono "universali", ma si riferiscono al tempo e al luogo in

cui si vive, imposte sia dalle leggi umane (es. codice penale) e sia da <u>**centri di**</u> <u>**potere**</u> che possono **essere in positivo o quantomeno non distruttive**, se la fonte proviene dai genitori, dal sacerdote, dalla società, dagli amici; **oppure in negativo o distruttive**, se provengono dal capo mafioso, dal branco, da fondamentalisti, da estremisti, ecc. Quindi le "norme morali" sono **mutabili nel tempo e nello spazio** e vengono recepiti dalla Legge di volta in volta al mutare della morale di quella società. Cosicché se prima costruire in un bosco era permesso, adesso, per impedire il deturpamento dell'ambiente, costruire senza permesso costituisce reato; oppure se sposarsi a 14 anni qualche secolo fa era lecito e morale, adesso costituisce reato anche fare l'amore con una minore. Se qualche secolo addietro fare l'amore prima del matrimonio era considerato immorale, oggi viene considerato non immorale, a rischio e pericolo di delusione per chi lo decide. Se prima, sposarsi con la sorella era morale adesso non lo è più (Abramo sposò Sara che era sua sorella): se Indro Montanelli sposò una 14enne abissina, più mature delle nostre 50enni, che in quel posto all'epoca era morale, il famoso giornalista non ha infranto alcuna legge morale in quel momento perché era collettivamente accettato e praticato dagli abissini e quindi non ha fatto del male né ha provocato alcun scandalo, atteso che la giovane moglie dell'Indro, spontaneamente aveva accettato e forse anche proposto di sposarlo (altra cosa è imporre il matrimonio ad una fanciulla di 14 anni contro la sua volontà con un bacucco di 60 anni in più).

Infine, ci sono le c.d. **"virtù"** che sono quelle qualità morali proprie di ogni persona, o meglio quelle norme di buona condotta che si riferiscono al singolo individuo, per cui **possono cambiare da soggetto a soggetto e da luogo a luogo**. Così una persona può praticare la gentilezza nel chiedere qualcosa, mentre l'altra pretende di avere un suo diritto: entrambe sono nel giusto. Un impiegato statale è contento di servire i cittadini, mentre l'altro lo fa perché è obbligato; ecc.

Le norme di **Etica** (o leggi naturali dello Spirito) possono coincidere con quelle **morali e di virtù**, ma non necessariamente, perche i primi hanno la caratteristica di essere universali e perentorie e pertanto non lasciate alla discrezionalità dell'individuo, come si crede erroneamente.

Il loro mancato rispetto comporta, ribadiamo, una "sanzione certa" non visibile e impercettibile, tra le quali in primis quella di allontanarsi dalla sintonia con il proprio D'io interiore, ossia dal vostro vero io che ci permette di vivere e godersi la vita, a prescindere dalle condizioni economiche o fisiche o dall'età.

Siamo, quindi, obbligati ad accettarle e rispettarle perché altrimenti, se non applicate, ne avrete delle negatività. Più avanti classificheremo dettagliatamente le leggi universali dello spirito o di etica.

La metafisica o la spiritualità, altro non è che quella parte di fisica ancora non scoperta, ma esiste ed è già qui, perché è una parte della natura invisibile dove vigono regole rigide uguali a quelle della fisica, ma di natura diversa. Siamo nell'anticamera del c.d. Paradiso, qui e adesso: dobbiamo prenderne coscienza al più presto.

Le Leggi di Etica che governano lo Spirito, quindi, sono leggi secondo un ordine naturale preciso e in armonia con l'universo: se non beviamo, moriamo di sete; così se non seguiamo le "leggi naturali dello Spirito", moriamo dentro e chiudiamo il nostro "Portale Divino" interiore e la vostra coscienza (D'io) viene offuscata dall'Ombra.

Prima di esercitare il vostro libero arbitrio, dovete sapere cosa è naturale e cosa è contrario alla natura. Non aiutare altri, o peggio far loro del danno, non è solo inumano e immorale, ma è principalmente contro la nostra natura (non c'è una norma giuridica nel codice penale che vi **obbliga ad aiutare gli altri** se non nell'omissione di soccorso, però questa norma è scritta indelebilmente nella vostra "coscienza pura": nel vostro D'io interiore).

Adesso che state prendendo dimestichezza con la vostra coscienza intima, incarnata nel vostro profondo D'io, non avrete bisogno di studiare nessun di quei testi c.d. sacri, perché il vostro D'io interno vi parlerà attraverso la vostra "coscienza pura", così come disse l'apostolo Pietro nelle sue lettere: <<**la Parola di Dio è scritta dentro di Voi**>> (2 lett. ai Corinzi 2-3).

Infatti, un sinonimo del vostro D'io interiore è "coscienza" che non è il vostro ego-io-pensante. Infatti, se v'interrogate: <<Io sono la mia coscienza?>> la vostra risposta sarà no, quindi vuol dire che la nostra coscienza è qualcosa di più interiore che s'identifica con il vostro vero-io; anche se vi è una leggere differenza: il vostro D'io è energia elettro-spirituale con la coscienza di essere luce; la vostra coscienza è la consapevolezza di immedesimarsi completamente al vostro D'io, ossia di completarsi.

Il grande successo della **favola di Pinocchio** è dovuta propria alla rappresentazione di quest'ultimo concetto: voi avete dentro la **Fata Turchina** che rappresenta il vostro D'io che vi parla attraverso il **Grillo Parlante** che rappresenta la vostra coscienza pura; infine c'è il povero **mastro Geppetto** che nel suo poco cerca di dare il meglio al figlioletto. Abbiamo la scelta di seguire D'io che parla attraverso la voce della coscienza, per divenire umani (ossia illuminati), **oppure** seguire il vostro "falso io" che è rappresentato da **Lucignolo**, che vi parla attraverso i vostri cinque sensi e rimanere "burattini di legno".

Molto più incisivamente William Shakespeare tenta di farcelo comprendere, con le parole: "Essere o non essere: questa è la questione" To be or not to be, this is the question.

"Essere" è il vostro **"vero io"** (ossia il vostro D'io interiore) e la coscienza è la voce del vostro essere; **"non Essere"** è il vostro **"falso io"** (ossia l'Ombra o "Maschera"). Qualcuno crede che la nostra "coscienza pura", sia una specie di pattumiera della spazzatura **da scaricare** domenica con la confessione, per poi riempirla durante la settimana successiva.

Capisco che sembrerà poco ortodosso, introdurre "Pinocchio" in un argomento così delicato, qual è quello della spiritualità, ma questo messaggio è indirizzato ai giovani e alle persone che non hanno gli strumenti culturali per afferrare il concetto (me ne scuso), e sono convinto che resterà impresso più l'esempio del burattino che mille parole erudite e astruse. D'altronde se scrivessi in modo più "erudito", sarebbe necessario un'altra persona che dal pulpito vi spiegasse meglio questi concetti, creando così ulteriori confusioni sul tema. Da qui la scelta della semplicità per consentire la comprensione senza intermediari: basta leggere. Ovviamente i Sacerdoti adesso che avranno capito come funziona lo Spirito Santo di Dio (probabilmente con qualche critica, essendo da loro lo Spirito Santo "non classificabile"), saranno più consapevoli della loro missione e potranno esercitare il loro ammirabile Ministero con una più salda fede e con maggiore impegno, per se stessi e per gli altri, senza temere i progressi della scienza.

Il significato profondo di cambiamento della citata favola che raccontiamo ai bambini, equivale al messaggio evangelico o ad altri testi sacri o profani, ossia: <<cambiate e diventate buoni per diventare veri uomini>>. Nessuno potrà dire di non aver mai ricevuto, in qualche maniera, il messaggio di cambiamento: ma come al solito niente viene preso sul serio.

Quindi esiste un solo Dio con mille interpretazioni di Lui, create in buona fede e propagandate ad hoc per fini anche politici e materiali, che non riducono la portata di quanto detto dal Maestro che disse: "le strade che portano a Dio sono infinite" ed aggiunge: "fate quel che dicono e non quel che fanno", quindi non state lì a sparlare dei preti che hanno smarrito la strada perché non siete migliori di loro.

Per il funzionamento del nostro D'io interiore e quindi per sfruttare meglio le potenzialità dell'energia elettro-spirituale, sono quindi essenziali e necessarie il **rispetto severo** (ma non bigotte) di alcune <u>**leggi naturali**</u> che saranno poi sviluppate singolarmente, le quali ovviamente non appartengono strettamente alla fisica, ma alla natura metafisica o spirituale, atteso che l'uomo è una componente di essa. Così come prima della scoperta delle onde elettromagnetiche o delle onde sonore o via etere ecc. queste erano nella natura, ma non appartenenti alla fisica che li ignorava.

Queste Leggi Naturali dello Spirito, sono come l'olio che servono per far funzionare meglio un veicolo, senza il quale, il motore s'inceppa. Se aiutate qualcuno, siete voi che dovete ringraziarlo per avervi dato la possibilità di dimostrare quello che siete veramente, dimostrando da che parte state.

Parlate con i volontari e fatevi dire la sensazione provata dopo aver portato del cibo o una coperta a qualche barbone di strada: si sentono gonfi di un amore indescrivibile e riceveranno una doppia benedizione sia da se stessi che dalle onde elettro-spirituali di riconoscenza sprigionate dal fratello aiutato. Chi storce il naso e passa avanti non è colpa sua, ma della sua ombra che lo domina facendogli credere di essere superiore, ma davanti a Dio in quel momento, è lui ad essere inferiore al Barbone. Ugualmente fare il buon samaritano **senza compassione**, non supera la prova di dimostrare chi siete veramente: è solo ipocrisia, vi manca ancora qualcosa da correggere.

Il barbone (uso appositamente questo termine al posto di senza tetto) che si è arreso alla vita e a combattere perché è stato sopraffatto dalla sua ombra, per motivi di droga o di fallimento o perché trova comodo guadagnare senza lavorare, dovrebbe reagire per riacquistare la propria dignità di uomo e riaccendere la sua fiammella. Regalategli il vostro libro e vedrete che riuscirà a uscire dal suo stato, ammesso che sia volenteroso.

Abbiamo accorpato per **comodità espositiva** le leggi naturali dello Spirito in **tre categorie**, alcune servono per **mettersi in contatto** con il vostro D'io interiore, le altre sono **concetti per progredire** e non regredire; il terzo gruppo invece sono **le vere e proprie leggi etiche**.

Esse sono:

PRIMO GRUPPO:

1) La Legge della meditazione e del silenzio;
2) la legge della luce;

SECONDO GRUPPO:

1) la legge della fede;
2) la legge dell'utilità marginale;
3) la legge dell'attrazione: pensiero positivo e preghiera scientifica;
4) la legge del riposo fisiologico totale e la legge dell'ottava;
5) la legge della compensazione debito-credito: KARMA;
6) la legge dell'uguaglianza.

TERZO GRUPPO: LE LEGGI DELLO SPIRITO o LEGGI DI ETICA UNIVERSALE:

1) la legge dell'umiltà;
2) la legge del perdono;
3) la legge della carità e della bontà (solidarietà);
4) la legge dell'astensione dal giudizio;
5) la legge della non-sfida e della sottomissione;
6) la legge della verità;
7) la legge della gratitudine e dell'apprezzamento;

Queste ultime 7 LEGGI sono rinchiuse ne vostro codice della "Coscienza Pura", ovvero nel vostro D'io, mentre le altre leggi, come ad esempio la Fede, sono create da voi con il vostro intelletto e servono per progredire ed avanzare.

Le Leggi di etica sono già scritte nel vostro cuore e sono sempre le stesse che vengono ribadite dal Maestro sotto forma di parabole ed in tutti i libri c.d. sacri o profani, sia occidentali che orientali, attinenti la spiritualità; qualcuno addirittura scritto 3-4000 anni fa.

Quando sentite un rimorso per non aver fatto la cosa giusta, che sia in pensiero, azione od omissione, è un campanello d'allarme: perdonatevi e cercate di rimediare, altrimenti quel piccolo neo ve lo porterete per tutta la vita e vi chiederà il conto A VOSTRA INSAPUTA.

Se siete dalla parte di chi ha ricevuto **l'offesa ingiusta**, perdonate e augurate il meglio al vostro offensore, senza fare i furbetti e pensare: **"faccio come dico io, poi chiedo perdono sinceramente e magari dopo lo rifaccio"** che è quello che succede ogni giorno nel confessionale della Chiesa che dovrebbero abolire ed istituire due solo confessioni all'anno: a Natale ed a Pasqua.

Peraltro voi non immaginate quanti fatti personali della famiglia e del marito vengono riferiti al sacerdote con nonchalance dalle donne, come se il prete fosse uno psicologo. Questo andazzo dovrebbe essere vietato con un cartello davanti al confessionale: **"qui si confessato solo i peccati contro la coscienza e non si spettegolano i fatti privati della famiglia"**. Molti non sanno neanche i peccati veri da confessare, quasi nessuno confessa di non aver aiutato qualcuno quando poteva.

La risposta della Natura (legge della compensazione debito/credito: karma) sarà quella di farvi pagare il decuplo del conto ed il vostro D'io interiore non potrà aiutarvi perché l'avrete coperto ancor di più di oscurità. State tranquilli però, perché Egli è dentro di voi e aspetta che lo chiamate sinceramente. Se poi **volete essere falsi anche con voi stessi, la cosa va passata agli psicologi**.

Senza parafrase abbiamo indicato le leggi naturali dello Spirito con il loro vero nome, in modo da sapere cosa sia giusto o sbagliato, nonostante voi lo sappiate già dentro di voi, per evitare di andare a girovagare nei meandri dei testi sacri o profani e uscirne senza capirci niente sul da farsi, anzi credendo che eseguire dei "riti" superficiali costituiscano le leggi dettate da Dio, pur sapendo che farli senza avere **il dono della carità e del perdono** sono delle operazioni inutili e dannose per voi.

Il pilastro dell'edificio che state esplorando, per quanto possa sembrare strano, è fatto e si nutre di luce.

CAPITOLO 14

LA LEGGE DELLA LUCE

Se vi dicessi che la luce per l'uomo è tanto importante più del cibo, non mi credereste. Infatti, il cibo serve per mantenere in vita il corpo fisico, mentre la luce serve per mantenere vivo il vostro Spirito. Quindi, capite che vivere in un corpo e morire dentro, corrisponde a vegetare e non a vivere.

Quanto diremo in questo capitolo è veramente l'origine di tutto, essendo il motore, anzi la benzina, che attiva tutte le leggi universali assimilate prima.

Abbiamo detto che dovete riprogrammarvi con nuovi file di pensieri positivi da inculcare nel vostro D'io interiore, questo è il primo passo, il secondo è che dobbiamo imparare a camminare nella luce.

La Luce è la sorgente di ogni bene. Tutte le civiltà di successo del passato conoscevano e adoravano la luce chiamandola Dio del Sole: dagli antichi Egiziani, Greca, Romana, o dei Maya e gli Aztechi, ma anche quella Cristiana, Musulmana e delle culture orientali. Persino tutte le scuole esoteriche e massoniche non ne possono fare a meno (anche se in quella cristiana la luce è insita nel volto del Maestro stesso, che disse: <<Per un poco ancora la luce è con voi. Camminate finché avete luce, affinché non vi sorprendano le tenebre: perché colui che cammina nelle tenebre non sa dove si vada. Finché avete luce, credete nella luce>> (Giovanni 12,35-36), anche se letteralmente significa che finché vivrete e avete luce, credete nella luce che avete dentro: perché poi la luce uscirà da voi e andrà da dove è venuta, con o senza di voi.

Non importa quale sia la vostra fede praticata, la luce è sempre vista come un potere superiore. Chiunque percepisce questa verità, tant'è vero che la usiamo anche nel linguaggio comune quando diciamo <<ora ci vedo chiaro>>, oppure <<alla luce del sole>>, oppure << è stata un'esperienza illuminante>> ecc.

Qualsiasi fonte che illumina, questa è la LUCE di cui stiamo parlando, sia essa il sole, una lampadina o una candela, un faro d'auto, un fuoco, ma anche il volto del Maestro illuminato. Accettate dunque la luce per una qualsiasi ragione e circondatevene durante tutto il giorno, ma in particolare nelle esperienze di meditazione o stati alfa che spiegheremo nel prossimo capitolo.

L'uomo non è altro che un concentrato di energia elettro-spirituale condensato (Luce spirituale), così come ogni cosa nell'universo. La luce con le onde elettro-spirituali interagiscono con la materia.

Negli esercizi che troverete più avanti, vi mostreremo come usarla per la vostra protezione sia all'interno che fuori dalla meditazione, cosicché possiate camminare sempre nella luce. Da allora in poi sarete sicuri dall'attacco del male. Ogni volta che incontrerete quelle persone o vi troverete in quelle situazione che un tempo temevate, non possono essere più forti della luce. Le decisione che prenderete nella luce, saranno quelle giuste e non avrete più bisogno di preoccuparvi di esse: preparatevi a buttare corni e cornetti antimalocchio frutto solo dell'ignoranza e della superstizione.

Per fugare ogni dubbio riguardo la potenza della luce, il Maestro afferma: <<Lucerna del tuo corpo è il tuo occhio: se dunque **il tuo occhio** sarà semplice tutto il tuo corpo sarà illuminato. Ma se il tuo occhio è difettoso tutto il tuo corpo sarà ottenebrato. Se dunque **la luce che è in te diventa tenebra**, quanto grandi saranno le tenebre?>> (Matteo cap. 6, versi 22-23). Ovviamente il passaggio si riferisce alla "Luce del vostro D'io interiore" e alla vostra Ombra: per averne un'immagine, rappresentatevi la clessidra.

Nessuna religione, nessuna massoneria integerrima e seria, nessuna civiltà, nessun sciamano, nessun Santo o uomo illuminato può fare a meno della luce.

Gli antichi Romani festeggiavano il 25 Dicembre perché era il giorno in cui la luce sconfiggeva le tenebre, dovuto al fatto che quel giorno ricominciava a crescere di qualche minuto rispetto alla notte invernale (Natalis Solis Invictus che significa: nascita del sole invitto), festeggiato anche dai cristiani per la nascita del Maestro per rappresentare la nascita e la vittoria della Luce nel mondo (Festa del Santo Natale).

Nella storia si è creata una tale confusione di credenze e religioni che hanno messo a dura prova la credibilità della "Luce" quale fonte divina e la sua connessione con il nostro D'io, attraverso la struttura fisica dell'occhio o anche con la propria immaginazione.

Purtroppo, i seguaci degli illuminati, invece di semplificare il meccanismo per ritrovare il proprio D'io, hanno inserito tutta una serie di esteriorità e di inutili credenze fino a farle apparire essenziali, facendo credere sia la chiave per arrivare al centro della propria essenza per ritrovare l'equilibrio.

Così i musulmani devono pregare rivolti verso La Mecca, senza la quale la loro preghiera sembra abbia un effetto contrario, perché Maometto nella sua saggezza è stato illuminato nella strada verso quella città. Così troveremo religioni che vietano la carne di maiale, o considerano i vitelli come sacri (India); troverete persino paesi dove i topi sono considerati intoccabili (su youtube incredulo, ho visto decine di topi grossi come gatti che gironzolavano come animali domestici tra i bambini) e guai a toccarli senza essere bandito dalla città.

Almeno su questo la religione cattolica è stata clemente ed ha evitato inutili superstizioni che anzi combatte. La Chiesa Cattolica però ha radicato l'idea nelle persone che seguire quel determinato rito sia essenziale per la fede, per cui suscita ilarità se un fedele cristiano legge il salmo prima del Vangelo. Se andate in qualche comunità cristiane minori e settarie, vi sentite un intruso se non vestite di marca: si bada più all'esteriorità che al contenuto, ovviamente essere puliti e vestiti bene è una forma di rispetto, ma diventa una negatività se inorgoglisce fino a storcere il naso se qualche "non marcato" si siede accanto.

Tutto sommato il Vaticano rispetto alle altre religioni è quello che ha fatto meno danni, ma un concilio per una riforma seria della Chiesa è auspicabile: se S. Giovanni Bosco, fondatore dei Salesiani, fosse nato oggi, non avrebbe fatto ciò che ha fatto né sarebbe diventato Santo, perché la società è cambiata economicamente e culturalmente, conseguentemente è cambiata la richiesta di spiritualità che è diversa dal secolo scorso, almeno in occidente.

Il lato oscuro (o demonio) se lo conosci lo combatti, ma se non lo conosci, questo lavora alle tue spalle senza che tu te ne accorga perché è un'energia negativa che alberga in ognuno di noi. Qualche statista diceva di non temere i nemici che conosceva, ma i falsi amici che complottavano alle sue spalle.

Evitate di divenire uno di quei tanti bigotti che si vedono in giro. La strada maestra verso la completezza siete soltanto voi e la vostra volontà. Considerate la "Luce" più necessaria dello stesso cibo e camminate sempre con essa, perché l'importante è raggiungerla senza badare troppo alle inutili discussioni da salotto su come scoprire il tesoro che è dentro voi. La finalità del libro è conoscere il vostro D'io interiore (o come dicono in oriente: aprire il vostro "terzo occhio") ed **ascoltare nel silenzio** il vostro "sesto senso" attraverso il quale vi parla il vostro D'io.

È l'ora di entrare nei dettagli delle "Leggi Spirituali" del primo gruppo e a parlare specificamente della meditazione.

SEZIONE 1°
LEGGI DEL PRIMO GRUPPO

CAPITOLO 15

INTRODUZIONE ALLA LEGGE DELLA MEDITAZIONE

Durante il giorno, in piena coscienza possiamo pensare al nostro D'io (vero io: la nostra anima), ripetersi di credere in Lui e di amarlo; insomma riconoscere che al primo posto c'è D'io e non il vostro io-pensante; già questo vi darà la sicurezza di voi stessi, ma per crescere spiritualmente, bisogna entrare in contatto con questa vostra divinità che avete dentro. Abbiamo già detto che durante il sonno voi siete in contatto con il vostro D'io che deve lottare con l'oscurità che voi avete creato e rafforzato con le vostre paure (molte inculcate da altri); però mentre dormite voi non siete **coscienti e quindi non potete reagire con la vostra volontà. L'unico modo cosciente per entrare in sintonia con il vostro D'io** interiore è la meditazione.

La definizione di meditazione non è univoca.

Nella cultura occidentale la meditazione è intesa come pratica di riflessione e di analisi, invece nella cultura orientale è intesa come uno stato mentale, in cui si sviluppa la capacità di isolarsi, non solo dai propri pensieri, ma anche dal mondo esterno. Si è vigili e presenti, ma in una qualità di un assente spettatore del vuoto e del silenzio.

In pratica, l'avete sperimentata tante volte, allorquando vi siete messi comodi su un letto o una sedia e vi siete abbandonati ad ascoltare il silenzio, perché la meditazione è proprio questa: **ascoltare il silenzio e prolungarlo il più possibile, rallentando il respiro.** Se vi concentrate sul vostro D'io, posizionato nel c.d. "terzo occhio" (pigna dell'epifisi), posto dietro il centro della vostra fronte, potrete meditare anche durante una riunione, ascoltando il silenzio che promana dal vostro interno, perché l'unica voce con cui può parlarvi il vostro D'io è il silenzio.

Tenete presente che il vostro falso-io, ha paura del silenzio e quindi vi dissuaderà a non praticarlo con ogni mezzo. Vi verranno in mente pensieri del tipo: <<è una perdita di tempo; ho cose più importanti da fare; appena ho tempo lo farò; adesso c'è il top-show alla tele; Dio non esiste; devo pensare ai pagamenti in scadenza; mia moglie è stressante; i figli, la suocera … ecc.>>. La lista potrebbe essere infinita.

Chi pratica yoga non potrà negare che alla fine il succo della meditazione consiste nel concentrarsi sul silenzio che è la parola con cui vi parla D'io. Più vi abbandonerete al silenzio, più sarà chiaro il vostro avanzamento. Aggiungere vibrazioni musicali potrebbe essere utile solo per riassestare le oscillazioni, ma la vera meditazione per la nostra esperienza è restare solo con se stesso nel silenzio.

Attenzione, prima di procedere voi avete bisogno di uno scudo protettivo, perché state iniziando a entrare nel D'io più interiore (che avete dimenticato da troppo tempo) che è coperto dall'oscurità che voi avete accumulato durante la vostra vita. Il pericolo potrebbe essere di rimanere intrappolati e uscirne peggiori di prima. Il vostro scudo protettivo è la "Luce"; ossia qualsiasi fonte di luce voi possiate immaginare: una lampadina, una candela, il sole immaginario, il volto illuminato del Maestro ecc., vanno benissimo.

I benefici della meditazione sono sicuri, intesa come ascolto e contatto con la vostra essenza e potrete sperimentarli da soli nel pieno segreto.

Già il fatto di aver iniziato ad avere consapevolezza del vostro D'io interiore, le ansie e le depressioni saranno solo un ricordo e le persone che prima vi disturbavano o vi bullizzavano si terranno alla larga, perché percepiranno inconsciamente il vostro cambiamento, la vostra rinascita, per cui accetteranno la vostra nuova personalità luminosa, oppure spariranno del tutto. **<u>Il più grande sbaglio che si possa fare è dimenticarsi di meditare appena acquisita qualche sicurezza.</u>**

Per questo motivo, l'abbiamo inserita tra le "leggi naturali dello Spirito", come **esercizio e mezzo necessario** per raggiungere il proprio D'io, in difetto del quale, gli avanzamenti saranno significativi ma modesti e comunque soggetti ad una ricaduta, come diceva Battisti che inseguiva una libellula (Luce) in un prato: <<quando credevo d'esserci riuscito: **son caduto**>>. Seguite il consiglio di Ramazzotti che cantava: <<noi non ci fermeremo ... non ci stancheremo di cercare ... un mondo migliore!>>, e questo si trova nel vostro interno, nel vostro D'io (o anima).

I bambini, come abbiamo già detto, praticano la meditazione in modo spontaneo e naturale, senza mantra e senza yoga o seguire regole specifiche, quindi ognuno di noi lo praticava spontaneamente da bambino. Adesso capite quale danno facciamo ai bambini anche se nelle migliori intenzioni: non dovete cambiare i bambini ma dovete cambiare voi, bisogna ritornare alle origini.

Questa pratica era anche il pane quotidiano del Maestro, il quale prima di iniziare la sua missione, andò nel deserto per 40 giorni per meditare e pregare.

Più avanti spiegheremo una procedura semplice da seguire autonomamente, per chi non ne abbia una. Se invece siete una di quelle persone che praticano yoga o altra meditazione specifica, continuate così, ma ricordate che non sono quelle pratiche dei mantra o dei suoni che v'innalzano, perché ciò è dovuto al solo fatto di concentrarvi nel silenzio di voi stessi e di riempirvi di luce, così come fanno in modo naturale i bambini.

Per meditazione s'intende focalizzare l'attenzione all'interno di sé per placare la mente per approdare allo stato Alfa, o ancor più giù allo stato Delta, al fine di trovare dentro di noi le risposte alle nostre richieste e scoprire i nostri talenti naturali racchiusi all'interno della nostra anima, e infine per raggiungere l'equilibrio e la consapevolezza di se stesso.

Ci sono una moltitudine di modi per meditare. Raggiungete questo stato, quando siete assorti nella lettura di un libro che vi piace; o quando siete intenti a dipingere un quadro o quando suonate un mezzo musicale, oppure quando siete in vacanza, lontano dai problemi della vita quotidiana; o anche quando siete concentrati in qualche gioco "silenzioso" che vi emoziona; ecc.

Ricordate però che molte persone si sono avventurate in questo campo senza istruzioni di fondo e qualcuno si è fatto sopraffare, senza rendersi conto, da forze oscure, ricavandone una depressione: quindi se non avete uno specifico metodo sicuro per rilassarvi e meditare, ne proponiamo uno con sicuri effetti positivi che vi innalzerà pian piano verso una maggiore consapevolezza.

Sappiate comunque che recitare preghiere nel silenzio è una forma di rilassamento e di raccoglimento.

CAPITOLO 16

BASI PER LA PROCEDURA DI MEDITAZIONE

Adesso organizzatevi e concedetevi un po' di tempo solo per voi, lontano da ogni interferenza esterna e preparatevi ad assimilare questo procedimento per ottenere una migliore meditazione. Ricordate che tecnicamente lo scopo del rilassamento è far scendere le oscillazioni cerebrali stressanti dalle onde Beta (superiori a 13), fino a farle scendere sotto le 13 per ritornare alle normali onde Alfa dove vi è la quieta assoluta, e poi ancora più giù fino alle onde theta della dormiveglia (arrangiato da "A guide to inner growth; Sanders G. Laurie e Melvin J. Tucker", 1983).

PREPARAZIONE:

1. **sedetevi comodamente** su una poltrona con lo schienale diritto ed assumete la posizione usata dai faraoni dell'antico Egitto (o anche sdraiati a letto anche se vi è il rischio di addormentarvi). Appoggiate saldamente i piedi parallelamente per terra, con le mani appoggiate sulle cosce, una rivolta verso l'alto e l'altra in giù. Se potete, allentate la cintura e toglietevi le scarpe. Smorzate la luce oppure spegnetela. Se possibile cercate di meditare sempre allo stesso orario **ogni giorno** e nello stesso luogo sicuro di non essere disturbato. In alternativa potete sdraiarvi sul letto senza cuscino, ma il rischio è che vi addormentiate;

2. **Adesso, chiudete gli occhi e concentratevi sul vostro corpo**; prendetene coscienza. Notate le vostre tensioni. Ripetete dolcemente ma decisi: <<corpo ti ordino di rilassarti>>. Contraete i muscoli delle parti del corpo che sentite più tese, le gambe, i polpacci, i piedi ecc., e poi rilassateli. Notate la differenza tra tensione e il rilassamento. Diventate molli come una bambola di pezza.

3. Per procedere alla discesa, potete utilizzare un ascensore, oppure una scala mobile o delle semplici scale, partendo dal quinto gradino fino al primo (fidatevi non sono stupidaggini e lo constaterete già dalle prime sedute).

4. Ora **visualizzate il 5° gradino**, inspirate ed espirate dolcemente e silenziosamente;

5. Con molta lentezza come se volaste, **scendete al 4°** gradino ed espirate (fuori il fiato), visualizzate e ripetete dolcemente il numero 4…4…4…;

6. *inspirando (tirate il fiato con il naso) farete in modo di entrare sempre di più all'interno della vostra mente.*

7. Con molta lentezza espirate (fuori il fiato) e scendete al 3° gradino, **ripetete** dolcemente e visualizzate il numero 3…3…3….;

8. Con molta lentezza espirate (fuori il fiato) e scendete al 2° gradino, ripetete dolcemente e visualizzate il numero 2…2…2….;

9. Con molta lentezza espirate (fuori il fiato) e scendete al 1° gradino, ripetete dolcemente e visualizzate il numero 1…1…1….;

10. Con molta lentezza espirate (fuori il fiato) e scendete al PIANO TERRA,

11. **Ora immaginatevi** di essere sulla spiaggia all'alba con il sole che spunta e v'illumina, se non ci riuscite subito immaginate un faro, una luce o una candela;

12. Immaginate il sole del mattino che si avvicina a voi lentamente e vi **copre il viso e tutta la testa** in modo da formare un cerchio di **luce**

bianca che vi invade pian piano fino ai piedi, coprendovi dentro e fuori come in una botte di luce;

13. <u>Ascoltate il silenzio per qualche secondo e poi iniziate:</u>

A) <u>visualizzare il vostro viso e *dite*</u> :<< IO **SONO ORA NEL PIU' SALUTARE STATO DI VITA POSSIBILE**>>; ......piccola pausa;

B) dite: <<**in questo stato D'io e solo D'io controllerà la mia mente. Nessuno e niente può o potrà mai controllare la mia mente tranne D'io**>>;

C) **Q**ualsiasi immagine attraversi la vostra mente, non commentate né giudicate. Perdonatevi gli sbagli del vostro falso-io, perdonate gli altri e se viene in mente qualcuno che vi ha fatto del male, perdonatelo. Poi, concentratevi sul silenzio, il più a lungo possibile; piccola pausa;

D) dite: <<**in questo salutare stato di vita possibile, sono completamente rilassato**>>; se c'è qualche parte del corpo che si sente a disagio o non rilassato, per esempio le gambe, dite: << **gambe rilassatevi**>> ... lunga pausa;

E) Immaginando sempre il vostro viso, dite: <<**IN QUESTO SALUTARE STATO DI VITA POSSIBILE, STO ASSORBENDO ENERGIA DALL'ATMOSFERA**>> ... lunga pausa;

F) Ripetete ora... <<**QUANDO SARO' FUORI DA QUESTO STATO, MI SENTIRO' COMPLETAMENTE RILASSATO, COME SE MI FOSSI APPENA SVEGLIATO DA UN SONNO PROFONDO E RIPOSANTE, DOPO AVER TRASCORSO UN MESE NELLA MIA LOCALITA' DI VACANZA PREFERITA**>> ... immaginate un posto dove siete stati felici e rilassati, anche da bambini, può essere anche di fantasia ... lunga pausa;

G) Dite: << **IL MIO CORPO SI SENTIRA' COME APPENA CREATO, CON OGNI PARTE FUNZIONANTE IN MODO**

PERFETTO>>; nelle successive meditazioni se avete qualche problema di salute ad esempio di cuore, aggiungete: <<IL MIO CUORE E' SANO E FORTE E FUNZIONA IN MODO PERFETTO E REGOLARE>>, oppure se avete altri problemi, *mutatis mutandi*, aggiungeteli; …. Lunga pausa.;

H) Dite: <<**LA MIA MENTE SARA' APERTA ALL'APPRENDIMENTO, CAPIRO' E FARO' USO DI TUTTO CIO' CHE VEDO, SENTO O LEGGO; LA MIA MEMORIA E' FORMIDABILE E MIGLIORERA' GIORNO DOPO GIORNO>>** … L. P.;

I) Dite: << **SONO NELLA LUCE E AVRO' TANTA ENERGIA DA SCOPPIARE >>, ad ogni respiro immagina di assorbire energia dall'atmosfera** … L.P. (praticamente respirate le onde elettro-spirituali positive, oppure lo Spirito Santo: è uguale)

J) Dite: <<**QUANDO USCIRO' DA QUESTO STATO, MI SENTIRO' PIENO DI GIOIA: UNA GIOIA DI VIVERE CHE DURERA' PER GIORNI, E SARO' IN PACE E IN ARMONIA CON ME STESSO E CON IL MONDO>>** … lunga pausa…..

- Adesso risalite LEGGERI come se volaste, i gradini da 1 a 4 e quando arrivare al piano superiore, mentre inspirate (tirate il fiato), pronunciate per tre volte il numero del livello in cui siete;

- Adesso salite a ritroso i gradini ed immaginatevi di sollevarvi leggeri come una piuma e salite;

- Sollevatevi al 1° gradino, inspirate (Tirate il fiato) e ripetete 1..1…1…;

- Sollevatevi al 2° gradino, inspirate (Tirate il fiato) e ripetete 2..2…2…;

- Sollevatevi al 3° gradino, inspirate (Tirate il fiato) e ripetete 3…3…3…

- Sollevatevi al 4° gradino, inspirate (Tirate il fiato) e ripetete 4…4…4…;

- Schioccate le dita ed aprite gli occhi; siete completamente svegli, in pace ed in armonia con voi stessi e con il mondo, sentendovi benissimo e pieni di energia. Questi passaggi sono da memorizzare bene.

Siete saliti fino al 4° piano e non al 5°, per ricordarvi di tenervi più a lungo nello **stato Alfa con le oscillazioni cerebrali da 8 a 13**, perché la maggior parte delle persone agisce ad un livello **beta** troppo alto, che causa nervosismo e irritazione per ogni piccola contraddizione o difficoltà della vita. Ricordatevi che per **ogni problema ci sono 100 soluzioni**: basta avere la pazienza di aspettare e lavorare (gli scacchisti lo sanno bene).

Dopo aver memorizzato bene le frasi da pronunciare, quando sarete pronti, dopo **due settimane minimo**, potrete inserire nello schema una vostra particolare richiesta positiva, mantenendo sempre l'ordine suddetto, ma suggeriamo di inserire in primis le "Leggi naturali dello Spirito" che spiegheremo. Vi ricordo solo di immaginarvi di camminare sempre nella luce, come se aveste un faro che v'illumina, in modo da formare una protezione stabile per voi.

*Se volete, potete utilizzare **il registratore del cellulare** inserendo solo le frasi tra virgolette e con le dovute pause per seguire la procedura, in modo facilitarvi il rilassamento e la meditazione.*

CAPITOLO 17

PROCEDURA PER LA MEDITAZIONE DEL DISTACCO

Partite dalla procedura di base indicata nel precedente capitolo e arrivate al piano terra riempiendovi di luce come se foste in una botte di luce:

1. Cercate di visualizzare il vostro viso e *dite* :<< IO **SONO ORA NEL PIU' SALUTARE STATO DI VITA POSSIBILE**>>; ......piccola pausa;

2. dite: <<**in questo stato D'io e solo D'io controllerà la mia mente. Nessuno e niente può o potrà mai controllare la mia mente tranne D'io**>>... (D'io, vi ricordo è il vostro vero-io), lunga pausa;;

3. Immaginate un evento con più persone, oppure una foto in comune, ma senza giudicare niente e nessuno, solo osservate le altre persone e il contorno e poi cercate di visualizzare il vostro viso, come siete vestito, e cercate di vedervi distaccato come se osservaste un altro: OSSERVATEVI E OSSERVATE SENZA GIUDICARE.

4. Poi continuate la meditazione come al capitolo precedente e uscite, fatelo per almeno tre sedute. Abituatevi anche durante la giornata a vedervi distaccato da voi stessi, a osservare voi ed i vostri comportamenti senza giudicare.

PROCEDURA PER LA MEDITAZIONE CON I COLORI

Dopo almeno 5 sedute di distacco con luce neutra bianca, potete iniziare la meditazione con i colori.

Partite dalla procedura di base indicata nel precedente capitolo che ormai dovrebbe esservi familiare, arrivate al piano terra e riempitevi di luce bianca dalla testa ai piedi, perdonate voi e gli altri, poi:

1. Cercate di visualizzare il vostro viso e *dite* :<< IO **SONO ORA NEL PIU' SALUTARE STATO DI VITA POSSIBILE**>>; ......piccola pausa;

2. Adesso partendo dal primo chakra (osso sacro) fino al settima centro vitale (Epifisi-Corona), dovrete immaginare di partire con il colore rosso

che salendo cambia in arancione, giallo, verde, celeste, blu, indaco, così come nel riquadro:

Settimo Chakra:
Corona
Funzione: Correlazione tra la Persona ed il Cosmo

Sesto Chakra:
Terzo Occhio
Funzione: Capacità ed Equilibrio Psico-Spirituale

Quinto Chakra:
Gola
Funzione: Capacità di Espressione

Quarto Chakra:
Cuore
Funzione: Centro del Sistema Energetico dei Chakra

Terzo Chakra:
Plesso Solare
Funzione: Affermazione Individuale nella Società

Secondo Chakra:
Sacrale
Funzione: Regolazione del Desiderio e delle Funzioni Primordiali

Primo Chakra:
Radice
Funzione: Rapporto tra la Persona ed il Corpo

__Colorate i cerchi con i colori rosso, arancione, giallo, verde, celeste, blu,indaco.__

3. Fate tutto con molta calma e osservate i colori nelle parti del corpo, ascoltate il silenzio e le idee che vi vengono dal profondo senza giudicare.

4. Illuminate di rosso la parte inferiore dell'osso sacro, poi immaginate che questo colore salendo si trasforma in arancione nella parte interiore dell'ombelico, che diventa giallo e così via. Guardate l'immagine sopra e memorizzatela.

5. Uscite con calma dalla meditazione e salite pian pian al piano 4°.

CAPITOLO 18

PROCEDURA PER LA MEDITAZIONE DEL VIAGGIO ASTRALE

Partite dalla procedura di base indicata nel precedente capitolo, dopo arrivati al piano terra, riempitevi di luce:

1. <u>Cercate di visualizzare il vostro viso e *dite*</u> :<< IO **SONO ORA NEL PIU' SALUTARE STATO DI VITA POSSIBILE**>>; ......piccola pausa;

2. dite: <<**in questo stato D'io e solo D'io controllerà la mia mente. Nessuno e niente può o potrà mai controllare la mia mente tranne D'io**>>;

3. Sempre pieni di luce, immaginate di alzarvi e uscire dal vostro corpo, lunga pausa, poi innalzatevi sempre di più in alto e osservate il vostro edificio, poi salendo la vostra città, la regione, la nazione. E salendo sempre più in alto di vedere l'Europa, l'intera Terra come se foste sulla luna. Potete salire dove volete e vedere la nostra galassia (Via Lattea) e l'intero universo infinito pieno di luce.

4. A ritroso ritornate pian piano dall'alto verso al vostro corpo;

5. Uscite dalla meditazione come già sapete fare, schioccate le dite e aprite gli occhi.

Se praticate con costanza la meditazione, arriverete a un punto che basterà soltanto immaginare la luce, concentrarsi sul centro della fronte, vedere il vostro corpo e ordinarsi: <<corpo, ti ordino di rilassarti>> per ritrovare la forma.

CAPITOLO 19

PROCEDURA MEDITATIVA PER LA GENIALITA'

Partite dalla procedura di base, scendete al PT e riempitevi di luce:

1. <u>Cercate di visualizzare il vostro viso e *dite*</u> :<< IO **SONO ORA NEL PIU' SALUTARE STATO DI VITA POSSIBILE**>>; ......piccola pausa;

2. dite: <<**in questo stato D'io e solo D'io controllerà la mia mente. Nessuno e niente può o potrà mai controllare la mia mente tranne D'io**>>;

3. Sempre pieni di luce;

4. Se avete un sogno da realizzare come artista, imprenditore, atleta, erudito, ecc, sicuramente avrete un vostro "idolo" di riferimento; così ad esempio un aspirante calciatore avrà Maradona come idolo, un provetto musicista Beethoven, un aspirante cantante avrà Celentano o Albano Carrisi; un pittore avrà Caravaggio; un aspirante letterato o filosofo avrà Manzoni o Socrate; uno scienziato avrà sempre Einstein in mente; un aspirante attore avrà il suo idolo; potete immaginare tutto quello che volete anche di essere un Avengers e di sollevarvi leggeri come un palloncino; ecc. Insomma sceglietevi un punto di riferimento che ammirate e amate per la sua genialità;

5. **Ascoltate il silenzio e vedetevi il vostro idolo in azione;**

6. Immaginatevi e immedesimatevi completamente con il vostro idolo; fate finta per es. di essere Maradona, ovviamente dovete conoscere bene le sue giocate; guardatevi mentre giocate e immaginate di fare le stesse azioni (fatevi una partita immaginaria): un'ora al giorno fate questo esercizio per un mese; se invece vi piace Beethoven immedesimatevi in lui come se aveste il suo genio, guardatevi e osservatevi mentre vi esibite

nell'immaginazione; se siete uno scienziato immaginatevi di avere il genio di Einstein e che cercate di risolvere un problema; se volete migliorare le vostre performance amorose, immaginatevi di essere Rocco Siffredi in azione durante le vostre meditazioni;

7. Durante il giorno rivedete le immagini quasi in modo maniacale, senza rivelare nulla agli altri; è un vostro progetto personale; lo stesso Albano diceva di pensare e sognare sempre Domenico Modugno;

8. Uscite dalla meditazione come già sapete fare, schioccate le dite e aprite gli occhi.

La differenza tra un dilettante e un professionista è che questi non smette mai di sognare, ed è disposto a fare qualunque sacrificio per arrivare, creando dal nulla un nuovo personaggio originale che sarete voi.

I risultati arriveranno, non mollate mai con il pensiero, quando siete stanchi rilassatevi e ricaricatevi.

<u>Per fare e per imparare questi corsi le persone spendono migliaia di euro</u>, voi li avete gratis e dovrete ringraziare solo la vostra perseveranza e il vostro D'io interno. Cercate di essere giusti e seguite le Leggi Naturali dello Spirito che v'illustreremo dopo.

Adesso avete il vantaggio di aver capito che D'io è dentro di voi e avete una salda fede in lui che è collegato al Dio dell'Universo, come spiegheremo meglio nel prossimo capitolo.

CAPITOLO 20

LA LEGGE DELLA FEDE: COS'E' IL MISTERO DELLA FEDE

La parola "fede" ha molti significati o quantomeno coloriture. In alcune religioni, **la fede è costituita** dal fatto che certe asserzioni vengono ritenute vere a prescindere (Dogma = verità non dimostrabile e non contestabile), mentre in altre religioni, che non sono basate su un "credo" codificato, la fede consiste nella lealtà nei confronti della propria comunità religiosa. Altre volte "fede" diventa sinonimo di "fedeltà".

Per capirci qualcosa dobbiamo andare alle origini del "Mistero".

Generalmente con il termine "mistero" s'intende un fatto inspiegabile spesso associato a fatti riguardanti il paranormale. Nell'antico Egitto e nella cultura greco-romana, con il termine "Misteri" s'indicavano le celebrazioni ai riti d'iniziazione dei "culti segreti" (**misteri eleusini, dionisiaci, orfici, ecc.)** e per estensione i culti stessi. Erano "religioni di misteri", ossia di verità rivelate da Dio; che poi declinati in latino vennero chiamati "Mysterium o Sacramentum". Con quest'ultimo termine i legionari Romani prestavano anche giuramento di fedeltà a Roma.

Vi erano delle vere e proprie "**scuole di pensiero e di sapienza**" sui misteri che con l'entrata del cristianesimo dovettero entrare nella clandestinità per poi ottenere la legalità dopo secoli bui nelle odierne massonerie (pur mantenendo la segretezza o meglio la non pubblicità degli iscritti nei registri presso la Prefettura), i quali pur partiti da un buon intento di elevazione universale e umanistica, molte frange d'iscritti si sono trasformati in gestori di potere: la legge dell'ottava vale anche per loro. Da qui è derivata l'accezione negativa al termine massonico (massoneria deviata), dichiarando una guerra "non dichiarata" al Vaticano.

In chiesa, durante la messa, il sacerdote pronuncia la frase **"Mistero della fede"**. Se domandassimo ai fedeli il significato di questa frase, avremmo le risposte più impensabili. Se invece rivolgessimo la stessa domanda al sacerdote ci risponderebbe: "credere nel Vangelo ed in Cristo": il che è vero, ma troppo generico e non ci spiega cos'è questo mistero.

Non ho mai capito se non lo sanno, o se sono restii a rivelarlo, oppure hanno il mandato a rivelarlo con "mezze pilloline" generiche. Sarebbe troppo bello se le chiese si trasformassero in "chiese della rivelazione del mistero" e non come oggi di "enfasi del mistero", trattando i fedeli come **apprendisti apostoli** assetati di verità, e non come pecorelle assetate di parole astratte e di riti (corollari della fede ma non essenziali).

Eppure il Maestro l'ha detto molto chiaramente: **"Ciò che un uomo pensa nel suo cuore, così egli è" (Luca 6,45).**

Perché la vita di un uomo è segnata dal dolore, mentre quella di un altro è pervasa dalla fortuna? Perché uno gode di ricchezze e considerazione, mentre il suo vicino si trova in miseria e nel bisogno? Perché qualcuno passa da un successo all'altro, mentre qualcun altro sprofonda di passo in passo? Perché un oratore entusiasma le masse, mentre un altro rimane paralizzato senza eco? Perché uno supera una malattia dichiarata incurabile, laddove porta un altro alla morte? Perché una donna conduce un matrimonio felice, mentre la sorella a fianco del marito non prova che dolore e disperazione? (power of the subconscious di Joseph Murphy); perché un musicista crea canzoni e musica di successo, mentre l'amico altrettanto bravo, brancola nell'insuccesso; perché uno diventa campione in una disciplina sportiva, mentre l'altro rimane nella mediocrità? Perché un prete diventa Santo e l'altro rimane nel pane quotidiano? Perché uno è sempre contento e di buon umore, mentre il suo amico è sempre preoccupato e angosciato?

Perché tutto ciò non viene spiegato ai fedeli in modo chiaro e preciso nelle chiese?

Ogni persona ha un alibi: chi dà la colpa alla suocera, chi alla moglie, chi ai figli, chi al caporeparto, chi alla mancanza di soldi, chi alla salute precaria, chi all'allenatore, chi ai professori, chi agli amici, chi al Papa, chi al Politico ecc. Pochi si soffermano a dire: "forse c'è qualcosa in me che dovrei correggere". Anticipiamo che non è una questione di soldi, di fisico, di raccomandazioni, di età o di situazione particolare.

VOI IN COSA CREDETE?

Qualunque sia il vostro credo religioso, filosofico o teosofico, non è l'oggetto o il contenuto della vostra confessione religiosa che rende efficaci le vostre preghiere; conseguentemente non esiste una religione che abbia una preghiera superiore alle altre, perché la preghiera, se detta con animo sincero, egualmente arriva al destinatario, ossia a DIO.

La legge della fede sprigiona la sua azione in tutte le religioni del mondo che sono state create per colpa degli uomini (che hanno agito più come successori di Cesare che come successori del Maestro) e non per volontà di Dio che anzi vorrebbe l'unità della fede.

Egualmente, cristiani, buddisti, musulmani, ebrei, ortodossi, esoterici e persino atei, vengono ascoltati nello stesso modo da Dio, a prescindere dalla credenza professata. Non sono certi rituali, cerimonie, formule, liturgie, preghiere o offerte sacrificali che fanno la differenza per l'esaudimento della preghiera (power of the subconscious di Joseph Murphy). La differenza è dettata soltanto dal grado di fiducia spirituale e psicologica, emozionale e della salda convinzione che inserite nella vostra preghiera, senza alcuna incertezza, rispettando ovviamente le linee guida della "coscienza pura" del vostro D'io interiore.

Ma come si raggiunge questa salda convinzione e sicurezza nella preghiera? Intanto la base l'avete appresa ed è il vostro D'io che è collegato ad ogni singolo atomo dell'universo, chiamatelo pure subconscio o anima, ma col tempo noterete una leggera differenza:

1) con D'io sentirete la pienezza di voi e la vostra personalità che si salda a D'io, **voi siete artefici insieme al vostro D'io interiore del vostro destino**;

2) la seconda differenze è che il vostro D'io è integrabile con tutti i testi orientali ed occidentali sacri o filosofici o psicologici, senza pericolo di scemare tale certezza, perche è dentro di voi e dentro tutti gli altri;

3) infine, voi vi portate appresso sempre il vostro D'io e voi sarete anche la vostra chiesa dove pregare in segreto con Egli, ossia con il "voi stessi interiore".

La legge della fede, che significa aver fiducia o credere, in definitiva consiste nella semplice **SALDA CONVINZIONE alimentata dal PENSIERO, dal DESIDERIO e dalle EMOZIONI** che quello che si chiede si avvererà. **Ma la base di tutto è avere un punto centrale stabile che è dato dal vostro D'io interiore.**

Quindi la FEDE = Convinzione

La CONVINZIONE = Pensiero + Desiderio + Emozione

Risultato = ESAUDIMENTO PREGHIERA.

Per sapere quanta fede crediamo di avere, il Maestro disse: <<Se voi aveste fede quanto un granello di sabbia, potreste dire a questa montagna: levati e la montagna si leverebbe>>.

Possiamo pregare in eterno, pensare, desiderare, emozionarci, ma senza la CONVINZIONE: non succederà nulla. Allora il punto è sapere quando ci sentiamo sicuri di raggiungere questa convinzione.

Voi avrete la "salda convinzione" quando inizierete a credere nel vostro D'io e di saper che inserendo nuovi file positivi in esso (preghiere) di quel che volete, questa forza interna attiverà per voi la "legge dell'attrazione".

È dentro di voi, è IL VOSTRO "ME STESSO"; pertanto non potete sbagliare. Dopo qualche mese di buona pratica, lo sentirete sempre più vicino, nessuno potrà fermarvi e non ve lo leverete più dalla mente, perché non si può disconoscere il vero se stesso. Ma ricordatevi che serve solo per fare del bene e non per danneggiare altri, altrimenti il vostro D'io interiore si chiuderà di nuovo e starete peggio di come avete iniziato, COL RISCHIO DÌ PRENDERVI UNA DEPRESSIONE a vostra insaputa.

Tenete separati il vostro "vero-io" (che è D'io) dal vostro "falso-io" che lotterà contro voi stessi perché non rinuncerà a dominarvi e non vuole annullarsi: questa è la vostra rivoluzione-resurrezione da attuare: uccidere il vostro falso-io per fare resuscitare il vostro "vero-io", così come il seme del grano deve morire per rinascere la pianta. Questo è un altro mistero svelato dal maestro (Lettera ai Colossesi cap. 3,9).

IL FALSO-IO è l'espressione del "Lato Oscuro" che abita in ognuno di noi (c.d. Ombra), evitate di chiamarlo "diavolo", perché il termine suscita già un po' di paura (noi siamo qui per combattere la paura e non per alimentarla).

Ogni cosa, comprese le persone, sono semplicemente dei concentrati di energia elettro-spirituale materializzata. Così come all'apparenza siamo fermi e fissi al suolo, mentre in effetti siamo sulla giostra della Terra che gira su se stessa ed intorno al sole e la nostra Galassia gira intorno ad un centro, senza che ce ne accorgiamo. Altrettanto solo apparentemente vediamo le cose, ma in effetti quelle cose visibili ai nostri occhi sono vuote del 99% che è la distanza tra un atomo e l'altro come se gli atomi fossero dei mattoni posti distanziati un metro l'uno dall'altro, però voi vedete ugualmente la casa integra. Così anche il cosmo ha uno spazio del 99% circa, e solo un'entità infinitamente più grande di esso, potrebbe vederlo nella sua interezza per quello che è.

Ovviamente il vuoto non esiste ed è un non-senso pensarlo, quindi vuol dire che vi è una materia leggerissima a noi non visibile che è composta di energia elettro-spirituale, ossia quello che noi chiamiamo Dio Universale e la sua azione denominata Spirito Santo (onde elettro-spirituali).

Immaginate di essere nel 2041 e quindi oggi voi avete 20 anni di meno (pensate che fortuna): che cosa fareste di così eclatante in questo giorno o in quest'anno?

Ve lo dico io: se non cambiate fareste gli stessi sbagli e tra vent'anni (2041), ripetereste di nuovo:<<se avessi 20 anni di meno>> .

Continuate a leggere e portate pazienza, state già crescendo spiritualmente senza che voi ve ne accorgiate, è inevitabile, il mondo davanti a voi si sta aprendo e state acquisendo una nuova consapevolezza di voi. Ricordatevi che anche per la fede vi è una misura che potremmo chiamarla la "**scala della fede**". Ognuno si faccia la propria e se vedete qualcuno più avanzato di voi, vedetelo come un incentivo a migliorare, ringraziatelo e non invidiatelo né demolitelo, perché nel momento in cui lo fate state demolendo voi stessi. Lo stesso se tentate di immaginarvi come Maradona e nel frattempo criticate o demolite il vostro concorrente: siate umili.

Avete tanta strada da percorrere. Quando iniziate la giornata e vi chiedono: "come va oggi", se rispondete che **è sempre la stessa cosa**, è un segnale d'allarme, vuol dire che siete ancora indietro; se rispondete invece con consapevolezza: <<**oggi è un nuovo giorno da vivere**>> state iniziando a capire qualcosa. Quando incontrate qualcuno dategli gli auguri e se lui vi risponderà stupito: perché? Perché oggi è un nuovo giorn, ossia il giorno più bello della vostra vita: ogni giorno è il vostro compleanno.

Qualcuno incautamente, senza istruzioni e avvertimenti, avvicinatosi al suo D'io interiore, preso dall'orgoglio del suo falso-io si mise a strafare ai danni degli altri (che sono fratelli spirituali): si è ritrovato in una clinica psichiatrica, perché tutti i fusibili cerebrali gli erano saltati. La legge divina è perfetta e protegge tutti. Quindi: <<**Non abbiate paura di niente, perché siete protetti**>>, ma non fate i presuntuosi di sentirvi migliore di qualcuno.

Il destino di un uomo rispecchia esattamente il suo modo di pensare, di percepire e di credere. L'esaudimento di una preghiera non è altro che la realizzazione di determinati desideri intimi a cui credete fermamente senza alcuna paura.

Il vostro D'io cela una vena d'oro il cui ritrovamento vi offrirà tutto quello che potrebbe dare una vita fortunata all'insegna della salute e dell'abbondanza.

Da questa fonte ogni uomo potrebbe attingere tutto ciò che egli ardentemente brama, come disse il Maestro: <<accumulate tesori in cielo (ossia nel vostro D'io) dove né tignola né ruggine consumano, e dove ladri non scassinano e non rubano. Perché là dov'è il tuo tesoro, sarà anche il tuo cuore>> (Matteo 6, 19-20).

Le persone che hanno una salda fede o convinzione e conoscono questo "tesoro interiore", sanno di essere nati per vincere e per collezionare un successo dopo l'altro.

Tutto è connesso al vostro D'io che, come abbiamo accennato, è si un contenitore che tutto dà e tutto riceve, ma essa reagisce e realizza tutte le vostre abitudini mentali e rappresentazioni della vostra immaginazione che si sono **strutturate all'interno con convinzioni assolute**. Potremmo dire che l'esteriorità e la vita di un uomo rispecchia esattamente il contenuto che avete immesso con pensieri ed emozioni nel vostro D'io (o anima).

Il detto **cogito ergo sum**, cioè **penso quindi sono**, svela una parte di verità. Ma se capovolgiamo i termini, **Ego sum id quod cogitum (o concipere)**, ovvero: **sono quello che penso**, diciamo una verità più consona.

Tra poco arriverete alla sintesi che sarà: Io sono io (o se volete: io sono il mio D'io, io sono il vero io; oppure: io sono Uno): questo siete, senza aggiungere null'altro, perché **io sono io e non posso essere null'altro che il mio vero-io, ossia il mio D'io interiore**.

Estensivamente, quindi possiamo affermare che ognuno è: "Ego opinionem quod sum id quod sum", ossia: "**Io sono la convinzione di essere ciò che sono**".

Se l'uomo "**è la propria convinzione**", avremo che colui che è convinto di essere bravo diventa bravo; colui che è convinto di potercela fare, ce la farà; colui che è convinto di essere perseguitato, sarà perseguitato; colui che si sente sfortunato da quando è nato, avrà sfortuna per sempre; colui che è convinto che sarà sempre povero o spera nella raccomandazione, vivrà sempre in povertà; colui che è convinto che qualcuno voglia avvelenarlo, sentirà dolori di pancia; colui che è convinto che vivrà sempre nel lusso, vivrà sempre nell'agiatezza;

colui che ha paura di non guarire da una malattia: morirà; mentre colui che convinto, senza dubbi, di guarire dalla stessa malattia: guarirà; colei che si sente bella, sarà bella e colei che si sente meno bella, non migliorerà; e così via.

Convincetevi solo di cose belle e avrete cose belle.

Molte ragazze soffrono del doppio complesso di "Biancaneve e della matrigna" per cui pensano che se avessero la bellezza di quell'altra, sarebbero felici o se sono "belle" pensano che ci sia qualcuno che voglia annullarle. Niente di più errato perché è sempre il vostro falso-io che v'induce a queste conclusioni. Nessuno può escludere che una trovi più fortuna e si faccia una bella famiglia; laddove una "bella" passa da una delusione all'altra senza farlo scoprire a nessuno, perché la sua "maschera" o (falso-io), la obbliga a farla apparire sempre "bella" e felice con quel smargiante sorriso ammaliatore; o magari è stufa di dover stare sempre all'erta per mantenere il suo status quo sulla passerella; o magari sarà più assillata dal partner geloso, il quale immagina tutte le avance che fanno alla compagna. La soddisfazione di essere è un fatto interiore e non esteriore.

Ringraziate Dio di essere nati e di poter pensare con la vostra testa: questo è il miracolo e voi siete gli arbitri della vostra felicità e non altri.

Nessuno può dire niente di nessuno, perché ognuno sa cosa succede nella sua vita, come dicono in Calabria: <<ognuno sapi i gatti soi>>. Non è un'accusa contro la bellezza, che è una benedizione uguale alla vita di una che si sente meno bella. La bellezza non serve se non vi è umiltà che non significa darla a tutti, ma non montarsi la testa. Lo sprono per tutte le donne è ritrovare prima la gioia dentro e poi all'esterno.

Ricordatevi che non esistono persone che valgono diecimila (Eraclito), ma esistono persone che hanno la responsabilità di diecimila persone e se non gestita adeguatamente con umiltà, sarà una catastrofe invece di una benedizione.

Nella prossima edizione inseriremo e parleremo della differenza tra maschi e donne che non è solo quella del sesso diverso, e parleremo anche del perché l'amore inizia e finisce, nonché del perché senza la conoscenza di questi fattori la coppia scoppia.

Certamente avrete capito il meccanismo che con termini moderni potremmo dire che il vostro D'io ha incamerato come un computer, nel corso degli anni, tutti vostri file-pensieri e tutte le vostre emozioni comprese le vostre paure. Adesso fermatevi e guardate la vostra vita: se questa vi soddisfa potrete migliorarla ulteriormente, ma se trovate cose sgradite, allora è giunto il momento di sedervi e prendere la decisione per riprogrammare il vostro computer interiore (ossia il vostro D'io), con nuovi file di pensiero positivo e di buone intenzioni.

La vostra forza consiste nel vostro pensiero, d'ora in avanti **controllatelo e sviluppatelo** positivamente e non appena emerge un pensiero negativo, riprogrammatene subito un altro positivo e migliore. Se ad esempio avete paura per qualcosa, pensate continuamente <<sono coraggioso e non ho paura, io credo ed ho fiducia nel mio D'io>> fino a fare diventare questa richiesta il vostro vero desiderio per convincere il vostro D'io che è quello il vostro desiderio. Dopo un po' la vostra paura svanirà.

<<**Non conformatevi a questo mondo, ma siate trasformati mediante il rinnovamento della vostra mente**>> diceva il Maestro (Romani 12,1-2).

Il pregare sempre non va confuso, quindi, con il recitare per ore preghiere senza interruzione, perchè il Maestro insegnava: <<**quando pregate non moltiplicate parole**>>. Vale più un istante nell'intimità che mille salmi nella

137

lontananza (Evagrio il Pontico). Pregare è come voler bene, se ami qualcuno lo ami sempre anche senza pensarci. Così è il vostro D'io connesso a DIO: <<**il desiderio prega sempre, anche se la lingua tace. Se tu desideri sempre, tu preghi sempre**>> (S. Agostino). Ricordatevi quindi di insistere sempre nei pensieri positivi utili per voi, siano di ricchezza, di salute, di buon umore o altro.

La necessità di insistere nella preghiera viene descritta dal Maestro con la parabola della vedova che non si arrende: «**In una città viveva un giudice, che non temeva Dio né aveva riguardo per alcuno. In quella città c'era anche una vedova, che ripetutamente andava da lui e chiedeva: "Fammi giustizia contro il mio avversario". Per un po' di tempo egli non volle; ma poi il Giudice disse tra sé: "Anche se non temo Dio e non ho riguardo per alcuno, dato che questa vedova mi dà tanto fastidio, le farò giustizia perché non venga continuamente ad importunarmi"**» (Luca 18, 1-8).

Quindi pregare sempre senza stancarsi equivale a dire "pensate positivo senza stancarvi". Nella canzone di Jovanotti "**io penso positivo perché son vivo**", esprime chiaramente questo concetto.

Per proteggersi dall'attacco contro i nostri stessi pensieri negativi, ricordatevi questo passaggio importante: <<**Quindi, fratelli, tutte le cose vere, tutte le cose giuste, tutte le cose amabili, tutte le cose di buona fama, quelle in cui è qualche virtù e qualche lode, SIANO OGGETTI DEI VOSTRI PENSIERI**>> (Filippesi 4-9).

Per chi ha urgenza di accelerare la crescita spirituale potrà iniziare gli esercizi di rilassamento e di meditazione come abbiamo già descritto prima; anche se consiglio di assimilare bene questi concetti per avere una visione panoramica, prima di procedere alla procedura di "liberazione".

Siamo partiti parlando del **pensiero**, della **preghiera** e della **fede**, fino a giungere alla **"convinzione"**; soltanto per farvi capire come queste quattro parole sono interconnesse tra loro, anzi: sono una cosa sola.

Homo faber fortunae sue = ogni uomo è l'artefice del proprio destino

(Appio Claudio Cieco 350-271 a.c. – Petrarca e Pico della Mirandola 1304-1374)

è la sintesi del Rinascimento Italiano per indicare il risveglio intellettuale e culturale di quel periodo, che è stato come una rivoluzione copernicana nel mondo dello spirito umano, dopo il periodo buio del medioevo. Questa d'ora in avanti sarà la vostra formula, perché voi e solo voi siete i padroni del vostro pensiero e del vostro destino. Se adesso le cose vanno male, questo sarà il momento propizio per cambiare rotta, mentre se tutto va bene questo sarà il momento per migliorare ulteriormente o quantomeno per mantenere la vostra posizione raggiunta.

La novità è che ora avrete maturato l'idea che:

"Deus faber fortunae sue",

ovviamente Deus inteso come il vero "D'io interiore", che tradotto significa: l'uomo insieme al suo D'io interiore (collegato al Dio dell'Universo) sono gli artefici del proprio destino e della propria fortuna.

Niente accade senza una causa. Tutte le cose sono il risultato delle leggi naturali, scritte dentro il vostro codice della "Coscienza" e gli effetti si ottengono tramite **la legge dell'attrazione**.

LA SCALA DELLA FEDE

Come nella legge fisica vi sono una serie di scale di misura (metrica, termica ecc.), così anche nella legge metafisica (o spirituale) possiamo introdurre una **scala della fede** che **si alza di grado nella misura in cui si eleva la vostra umiltà** e si abbassa nella misura in cui si alza il vostro orgoglio ed egoismo (v. asticella della clessidra). Ecco perché il c.d. "Capo" di qualcosa dovrebbe essere il "Primo Nessuno" di quell'associazione, indicando l'umiltà di quella persona.

Abbiamo già spiegato a cosa dovrebbe servire una scala della fede, ma repetita iuvant: innanzitutto serve per capire in quale grado di elevazione spirituale siamo e contemporaneamente serve per evitare di crederci già arrivati, evitando di crederci superiore agli altri; ma soprattutto serve per non mollare e per perseverare nella ricerca del nostro D'io interno.

Abbiamo già parlato degli effetti positivi della luce. Ebbene, la scala della fede cammina di pari passo, con il grado d'illuminazione che si è raggiunti, a cui corrisponde un grado di CONSAPEVOLEZZA della propria coscienza pura. Il grado della fede equivale al grado d'illuminazione o di consapevolezza della coscienza, che corrisponde al grado di umiltà.

L'aver capito che avete un D'io all'interno di voi stessi, vi darà già una elevazione della vostra coscienza, ma questo è valutata come un inizio, perché per continuare dovrete osservare le leggi naturali dello Spirito per capire che siete servi del vostro D'io interiore (ossia del vostro vero Io): ciò vi porterà ad un ulteriore sbalzo in alto, con la certezza della stabilità psicologica, oltre ai benefici visibili.

Come per ogni disciplina anche qui abbiamo degli esercizi da fare per mantenere una crescita spirituale continua, la cosa più importante è fare ogni giorno meditazione e perseverare nella preghiera scientifica ed entrare sempre nella vostra chiesa, visto che ve la portate sempre appresso: la vera chiesa è dentro di voi.

Avevamo pensare di fare proprio una scala della fede da 1 a 70 con vari gradini di elevazione spirituale, ma abbiamo desistito essendo un fattore personale e non oggettivo, ricordatevi che ogni giorno si può sempre salire più in alto: è tanto basta.

Evitate di farvi del male e inorgogliendovi crediate di essere un Dio sulla terra. **Voi avrete capito Dio soltanto quando avrete capito che siete NESSUNO davanti a DIO** e agli uomini, senza montarci la testa.

Qualcuno, insinuerà che "Nessuno" ha creato "il cavallo di Troia" per entrare nelle vostre menti, e magari qualcuno dirà che è opera del demonio e non ispirato da Dio. Sappi che già l'ho perdonato prima che lo dica e non ho bisogno di replicare. Non siamo qui per dividere ma per unire, siamo per una rivoluzione spirituale mondiale al servizio e all'interno della "**caput mundi**" istituita dal Maestro: "**Tu sei Pietro e su questa pietra fonderò la mia Chiesa**", che è l'unica fede ad avere l'autonomia e la dignità di uno Stato, auspicando che progressivamente e lentamente possa cambiare allorquando arriveranno Sacerdoti, Cardinali, Vescovi e magari un Papa nessuniano che rattopperà gli scismi creati dall'egoismo del passato, sulla spinta dei fedeli nessuniani, con divieto per qualcuno di creare altre divisione istituendo ordini autonomi in contrasto evitando ulteriori centri di potere e scismi. Molti sacerdoti aumenteranno la loro fede e diventeranno santi anche grazie a questo manoscritto perché capiranno il funzionamento dello Spirito Santo e la certezza di questa potenza.

Considerate che un bambino nasce con una fede intatta ed in equilibrio, anche se non ha consapevolezza, ma a 6/7 anni si ritrova che non ricorda come funzionava il suo interno prima, fino a dimenticarsi del tutto a seguito della scissione del suo io-pensante dal D'io interiore, allorquando avrà deciso di scegliere di autogovernarsi lottando tra il bene ed il male.

Per rendervi conto in quale stato graduale siete, considerate che la stragrande maggioranza di noi, dopo trascorsa la fanciullezza (il periodo più felice della vita), in età adulta, magari quello in cui eravate innamorati, può essere paragonato a malapena al livello del 5% della felicità nella citata scala della fede. Questo vi servirà per prendere coscienza di cosa ci stiamo perdendo e "a fortiori" insistere per arrivare a maggiori livelli, evitando di divenire arroganti al primo successo.

Piccoli successi e apprezzamenti di amici, non devono inorgoglirvi di essere arrivati sentendovi superiori agli altri; perché la strada è incredibilmente lunga e breve nello stesso tempo. L'atteggiamento mentale giusto dovrà essere di piena umiltà e di sincera gratitudine. Le soddisfazioni divine che ne deriveranno saranno una pace interiore e un'incredibile fiducia in voi stessi che vi porterà a comprendere anche il motivo per cui siete nati e la vostra missione in questo mondo. Sappiate che non siete nati per caso.

Se pensate che solo uno spermatozoo tra milioni è riuscito a fecondare l'ovulo da cui siete nati, vi renderete conto dell'unicità della vostra vita: significa che nessuno è mai esistito o esisterà in futuro, uguale a voi. Belli o meno, sani o meno, alti o meno, magri o meno, giovani o meno, siete unici e originali come le vostre impronte digitali, anche se all'interno di noi abbiamo tutti il privilegio di avere l'identica cosa uguale "non creata" ma già esistente fin dalle origini.

Dopo l'illuminazione, ricordatevi che vi sentirete e avrete la consapevolezza di essere i più belli del mondo. Ghandi o S. Teresa di Calcutta, pur non essendo degli stinchi di bellezza come l'intendiamo, nondimeno sentivano una straordinaria bellezza del loro essere e vi posso garantire che non si sarebbero scambiati con Paul Newman o Sofia Loren.

Ritrovare il vero D'io vi farà comprendere la vera uguaglianza tra le persone che non è quella prospettata da J. J. Rousseau che recepisce solo l'aspetto esteriore; perché gli uomini passati, presenti e futuri avranno solo una cosa uguale, l'essenza del proprio D'io interiore, generata e non creata dalla stessa sostanza dell'Energia Elettro-Spirituale oppure per dirla affettuosamente: dalla stessa sostanza del Dio Padre.

Dovrete ritrovare la vostra **Essenza Divina** e ritornare indietro per scoprire quello che eravate e quello che veramente siete: il vostro vero io; o meglio degli esseri eccezionali dotati di ogni sorta di potere, non solo di guarire infermi, ma anche di essere chiaroveggenti, telepatici e quant'altro utile per voi e per gli altri, ma **non per fare i baracconi da circo o per guadagnare**, ma per migliorare ancora. Voi non avete bisogno di ulteriori prove su Dio, la prova è già dentro di voi.

Quelli che si accontenteranno solo del pane quotidiano, otterranno comunque quello che più desiderano nel campo del lavoro, in famiglia e nella vita, rinunciando però al meglio. Il percorso da seguire è facile ma richiede molta pazienza e un minimo di abnegazione, ma quando arriverete in seria "A" potrete fare miracoli più strabilianti come fecero gli illuminati ed i santi e se siete degli artisti arriverete a livelli impensabili.

Sostanzialmente, dovrete pian piano eliminare tutta la spazzatura che il vostro falso-io ha accumulato negli anni, imprigionando il vostro vero io.

Colui che arriverà ad un certo livello, se preso dalla vanagloria o dall'odio, vorrà servirsi dei poteri divini per fare del male ad un'altra persona, **non solo verrà privato** definitivamente delle facoltà acquisite, **ma verrà declassato automaticamente al livello più basso**, se non ad un livello sottozero (LA CLESSIDRA DIVENTERA' TUTTA NERA SOPRA E SOTTO), col rischio anche di perdere la ragione oltre che la propria anima, con sofferenze indicibili, se non finirà per prendere una decisione letale per se stesso, per cui evitate di fare i furbi altrimenti pagherete il conto.

Rialzarsi sarà molto più difficile, ma non impossibile, ammesso che vi sia un serio e sincero pentimento, perché abbiamo la fortuna di avere un D'io dentro di noi, misericordioso pieno d'amore e non vendicativo, come un vero Padre o Babbo Natale o se volete come un vero genio della lampada.

Coloro che hanno commesso dei delitti gravi, a volta anche non voluti per incidente d'auto, conoscono bene la sensazione del male compiuto che si esterna con rimorsi e notti insonni.

L'angoscia che assilla le persone perbene riguardo **l'ingiustizia nel mondo**, cesserà d'incanto, perché avranno capito il funzionamento dell'Anima, ossia che il fuido di Dio si allontana dalle persone malvagie perché il loro D'io interiore si è chiuso a riccio. Capiranno che nell'Universo esiste già una **Giustizia Divina** che funziona automaticamente e perfettamente senza Tribunali e avvocati, con grande sollievo per quelli scoraggiati dall'andazzo. Nondimeno avranno la consapevolezza della c.d. **"Provvidenza Divina"** se rispetteranno il loro stesso D'io interiore.

Fare i furbi non vi servirà molto e vi allontanerà ulteriormente da quello che possiamo definire il Paradiso terrestre. Il modo migliore per essere furbi è di non fare i furbi.

Infatti, il Paradiso è già **qui e ora**, è dentro di Voi, una volta arrivati nella vostra isola, capirete meglio. Per il momento abbiate pazienza, se potete, pregate per voi stessi, concentratevi sulle cose positive e cercate di abbandonare quelle negative, ma soprattutto mantenete una mente aperta senza pregiudizio. Il mondo vi ha cambiato e voi vi siete adagiati alla società. Ma non è troppo tardi per migliorare e ritornare a essere voi stessi, felici come lo eravate nella fanciullezza, ma con una maggiore consapevolezza, vivendo in armonia con voi stessi e con gli altri.

Anche persone che sono arrivate a un livello alto nella società, siano essi magistrati, alti politici, alti finanzieri, grossi industriali e finanzieri, ecc., sono quelli che esternamente appaiono benedetti e al sicuro, ma questi sono quelli più a rischio, perché potrebbero smarrire il senso divino della vita e della loro missione sulla Terra e sono soggetti a cadere nell'errore della corruzione.

Il prossimo capitolo sarà il centro del nostro discorso, per cui vi chiedo di prestarci la massima attenzione per ottenere pace, successo, amore, ricchezza e salute.

CAPITOLO 21

LA LEGGE DELL'ATTRAZIONE, DEL PENSIERO POSITIVO E DELLA LA PREGHIERA SCIENTIFICA

Abbiamo detto che per avere successo in qualunque cosa, dovrete emanare pensieri positivi. Ma come è possibile questo e se era così facile perché nessuno ce l'ha mai detto??

I pensieri generano ONDE ELETTRO-SPIRITUALI sensibilissime, le quali mettono in moto la c.d. legge dell'attrazione. È come una calamita che attira quello che desiderate, se i vostri pensieri sono positivi attirerete cose buone, se invece sono negativi o impregnati di paura attirerete solo insuccessi. Non siate superficiali o frenetici ed esigere subito la sua realizzazione per averlo pensato qualche volta perché tutto è subordinato alla convinzione totale.

Chi ha fede deve sostenersi con il proprio pensiero per sconfiggere la paura. Appena i dubbi che solleverà la vostra "Ombra" insinuandosi nella vostra mente, voi dovrete scacciarli con frasi positive e imperative.

Un mio amico scapolo e donnaiolo, dopo tante esperienze aveva perso il gusto delle donne (capita a molti artisti) e mi confidò che ogni tanto gli venivano in mente di fare una prova trasversale. Gli spiegai che la sua ombra stava approfittando della situazione per indurlo a fare quello che non avrebbe voluto e con due consigli ritornò meglio di prima a essere se stesso (evito di spiegare nel dettaglio).

Questa forza attinge risorse nascoste, tali che vi daranno tutte le necessarie soluzioni ai problemi che si presenteranno sulla via del successo. È un processo continuo. L'attrazione deve mantenersi in moto ogni momento fino a raggiungere la **ferma convinzione** che quello che pensate si avveri: prima avrete questa convinzione prima riceverete, molte volte quando avrete dimenticato la cosa nel cassetto.

Importante è mantenere il segreto del vostro progetto, altrimenti smagnetizzerete la vostra calamita oppure qualcuno potrebbe scoraggiarvi; ma soprattutto mantenete le profonde **attitudini del rispetto delle leggi dell'umiltà e della gratitudine** che sono le qualità emotive capaci di mantenere alto il vostro morale, offrendovi l'equilibrio essenziale all'influsso normale delle energie vitali che rendono magico il vostro D'io interiore.

Per il momento sarà un grande progresso tentare di cambiare le vostre abitudini mentali e trasformare quei pensieri negativi in positivi; ma soprattutto installare dei nuovi "file" positivi nel vostro D'io, o se preferite nella vostra anima.

I segreti del successo sono sei:

1. PROPOSITO: dovete sapere esattamente ciò che desiderate; ma attenzione: ciò non deve essere ai danni di altri; quindi ad es. toglietevi dalla testa di desiderare la donna o il marito degli altri; altrimenti pagherete un caro prezzo;

2. Il vostro proposito, vi deve EMOZIONARE, bisogna avere una forte passione per l'obiettivo da raggiungere;

3. DESIDERIO: dovete volerlo sinceramente e incessantemente;

4. SALDA CONVINZIONE: dovete credere fermamente di essere in grado di ottenerlo, perché D'io è dentro di voi e vi ama (FEDE);

5. IMPEGNO E PERSEVERANZA: dovete attuare ogni sforzo possibile lecito per ottenerlo; non mollare mai e continuare ad avere pensieri positivi. Chiedete a un calciatore arrivato in Nazionale quale impegno e quale perseveranza abbia messo per arrivare a quei livelli; oppure chiedete a qualche laureato, quanti sacrifici ha ingoiato senza mollare;

6. RISPETTO DELLA LEGGE DEL RILASSAMENTO E DELLA LUCE; necessario per abbassare le oscillazioni cerebrali stressanti dello stato Beta allo stato Alfa ed essere in pieno equilibrio per accelerare la realizzazione.

La fede è la certezza che esiste ciò che ancora non si vede. Immaginatevi quello che volete avere, come se fosse lì davanti a voi, già vostro. Vedetelo con la mente nei minimi dettagli negli esercizi di rilassamento e di meditazione che troverete più avanti, sentitelo vostro.

Più volte al giorno, tornate con la mente a quell'immagine, sicuri che il vostro desiderio sarà realizzato, emozionatevi a quel pensiero. Questa attesa fiduciosa, senza affanno, vi porterà a compiere le azioni necessarie per ottenere quello che avete voluto e metterà in moto le onde elettro-spirituali che faranno di tutto per esaudire il vostro desiderio, tramite la c.d. legge dell'attrazione.

Il pensiero è la nostra forza di base da cui dipendono stati d'animo e azioni, quindi tutte le vostre realizzazioni, quindi controllatelo, sviluppatelo, perfezionatelo. Dovete essere sempre consci delle forze potenti del vostro D'io che è dentro di voi: le avete e dovete usarle a vostro beneficio e della collettività. Pian piano le vostre paure scompariranno perché la verità vi libererà e capirete che la paura non esiste, ma era solo il frutto nefasto della mancanza di certezze che vi portavano ad avere pensieri negativi. Fate attenzione perché appena la paura sarà passata il vostro falso-io vi convincerà che è stato solo una coincidenza.

Se vi capiterà di essere buoni e di fare del bene, sappiate che lo fate per voi stessi e quindi non aspettatevi niente in cambio; anzi rifiutatevi di ricevere un compenso. Se riceverete degli insulti oppure un torto dal beneficiario, perdonatelo e mostratevi indifferenti allo sgarbo, ne avrete una duplice benedizione. Questo è il senso delle parole del Maestro: <<**porgete l'altra guancia**>> con animo sincero e per bontà, perché se la porgete per paura o viltà diventa un disvalore, quindi porgetela per rispetto al vostro D'io per aumentare la vostra dignità: in ogni caso non significa prendere sberle, ma perdonare.

State tranquilli perché se avrete acquisito dimestichezza col vostro D'io e camminate nella luce, la vostra dignità non verrà mai minimamente sfiorata da chicchessia.

Se al momento non siete nello stato superiore per comprendere le parole del Maestro, non sentitevi in colpa per aver reagito a una persistente offesa grave o di esservi giustamente rivolti alle Autorità per dirimere una controversia. Perseguite il vostro intento, ma ricordatevi che la "giustizia divina" farà comunque il suo corso: quindi alla fine, la vera vendetta si ottiene con il perdono sincero.

Quando camminerete nella luce, ricordatevi che sarete protetti da una potenza invisibile; per questo motivo il Maestro non ebbe mai paura di essere toccato da chicchessia, fino a quando non lo permise lui stesso per adempiere alla missione sacrificale per cui era destinato, nella consapevolezza che non avrebbe sofferto e non sarebbe morto. Infatti ogni illuminato è distaccato dal proprio corpo e non sente alcun dolore, le raffigurazioni del Maestro sofferente sulla croce sono del tutto errate. Potete averne una prova con i maestri Tibetani.

Guardacaso anche la legge naturale dell'attrazione è stata definita dal Maestro, quindi niente vi è rivelato di nuovo su cose che già avevate sentito ma che nessuno vi ha spiegato: **chiedete e vi sarà dato, cercate e troverete, bussate e vi sarà aperto. Perchè chi chiede ottiene, chi cerca trova e a chi bussa sarà aperto. Quale padre tra voi, se il figlio gli chiede un pane, gli darà una pietra?" (Luca 11,9).**

La legge dell'attrazione ha una derivazione religiosa nel Vangelo e scientifica nella dottrina della fisica quantistica e nel magnetismo animale di Mesmer; anche se dall'antico Egitto fino all'era greco-romana era conosciuta e utilizzata, tanto che veniva insegnata nelle "scuole di sapienza" e nelle "Scuole Misteriche".

Anticamente a partire dall'antico Egitto, scienza, filosofia, etica e retorica, erano le materie del passato formanti un corpo unico d'insegnamento che veniva impartito a poche persone negli antichi templi.

Dall'esterno erano delle scuole, oppure un collegio o un tempio, dove venivano insegnate tutte le discipline dello scibile umano; mentre internamente si fornivano le prove pratiche che permettevano di catturare i segreti dei fenomeni cosmici che erano noti con il nome di "Misteri". Tutti i grandi pensatori e filosofi sono passati da queste scuole di sapienza che nel corso degli anni si sono organizzate in massoneria a partire dal XVII sec; i quali, purtroppo, in molti casi invece di prodigare la correttezza hanno prodigato la corruzione.

Chissà quante volte nella vostra vita avete sperimentato la legge dell'attrazione senza accorgervene, quando inaspettatamente avete trovato proprio quello che desideravate con passione.

Assimiliamo bene i passaggi per mettere in atto la citata legge dell'attrazione che si attiva principalmente mediante la preghiera scientifica.

LA LEGGE DELLA PREGHIERA SCIENTIFICA

PENSIERO POSITIVO

Il successo di Jovanotti per la sua canzone: <<Io penso positivo, perché son vivo>> è dovuto alla rivelazione di una grande verità espressa in poche parole.

Ogni singolo pensiero o emozione o paura è una vera è propria preghiera che viene incamerata nel nostro D'io, il quale la recepisce così come viene trasmessa. Da qui la necessità di controllare i propri pensieri e renderli sempre in positivo, anche se le circostanze fanno apparire il contrario. Il calciatore professionista sa benissimo che non deve mollare al primo gol subito, anche se dall'altra parte c'è un altro calciatore che pensa che non deve mollare al primo gol fatto, entrambi devono continuare a crederci. Questa è la differenza tra un professionista e un dilettante: questa è la bellezza del calcio che è una lotta tra chi ci crede fino alla fine.

Nel capitolo precedente avrete già capito come pregare scientificamente, ma affinché questa sia operativa e più veloce dobbiamo analizzare i passi importanti da seguire che sono:

CHIEDERE, CREDERE, RICEVERE.

L'utilità di questo capitolo è proprio quello di analizzare i citati tre passi in modo semplice e pratico, consigliando dopo una rilettura delle pagine precedenti, di assimilare bene la procedura di rilassamento e di meditazione; quindi:

1) Rilassate la mente, cercate il silenzio e meditare per 10 minuti in modo da aumentare la disponibilità del D'io interiore all'assimilazione del vostro desiderio;

2) Definisci con chiarezza che cosa desideri e fidati del tuo D'io interiore. Non ci sarebbe neanche bisogno di pensare cosa chiedere, in quanto è sufficiente il forte desiderio dell'immagine di quello che desiderate come se fosse già esaudito; ma se ti senti più sicuro nel pensarlo è uguale. Rammenta che stai inviando una richiesta alla forza vitale del Dio universale, attraverso il tuo D'io interiore, per cui è fondamentale essere più precisi nella richiesta, così come lo è la sincera emozione di quello che desiderate. Nessun dubbio o incertezza è ammissibile, altrimenti potrebbe portarvi a risultati ridotti o indesiderati e contrari. Sii sicuro di quello che veramente desideri ottenere;

3) Perseveranza e costanza ogni giorno perché non costa niente stare un po' di tempo al giorno per sognare quello che desiderate. Quando si dice "non smettere di sognare" parliamo della stessa cosa;

4) Prima di addormentarvi di notte e dopo appena svegli, ricordatevi di immaginare il vostro desiderio come se fosse già avverato;

5) Abbi sempre e costantemente un'infinita fiducia nel vostro D'io che una forza incredibilmente potente;

6) Durante il giorno mettiti in un'attesa fiduciosa, sicuro che quanto desideri si verificherà; evita frenesia d'impazienza, il D'io interiore ti conosce meglio di te stesso (ricordati che là dentro è memorizzato tutto quello che hai fatto e pensato, fin dalla tuo concepimento);

7) Promettete sinceramente di utilizzare il vostro desiderio, se non personale, per i vostri bisogni e della vostra famiglia, e di essere generoso con gli altri;

8) Ringraziate sempre il vostro D'io ed il Dio universale, siate sempre devoti ed umili con la forza che vi ha fatto nascere e che vi mantiene in vita, perché è immortale.

Sappiate che se **desiderate il male degli altri o pensate a una vendetta personale per un torto subito,** ricevere centuplicato il male chiesto per altri; il vecchio detto <<Chi semina vento, riceve tempesta>> non ha bisogno di commenti. Il Maestro esprime il concetto in modo divino: <<Chi di spada colpisce, di spada perisce>>. Tenete presente che un uso malevolo intenzionale è d'impedimento alla realizzazione dei vostri desideri, quindi farete bene a perdonare subito coloro che vi hanno fatto del male, augurandogli sinceramente pace, salute, ricchezza e successo.

Con l'espansione della coscienza e il ritrovamento del vero D'io che è dentro di voi, gli effetti immediati che noterete pian piano, saranno l'eliminazione della paura.

Se fate una lista delle vostre paure, noterete che sono di gran lunga superiori alle cose che vi renderebbero felici.

La paura è il peggior nemico della preghiera o domanda scientifica; essa è un'emozione negativa assolutamente priva di senso e di utilità che purtroppo paralizza il corpo e la mente, ciononostante conviviamo con essa, nascondendola per timore di essere tacciati come codardi o pensando che sia naturale: adesso avete le armi per reagire. Molti trovano la paura più spaventosa della realtà (non stiamo parliamo della normale adrenalina che vi spinge ad agire che è positiva, come in vista degli esami che spinge a studiare).

Vale la pena vivere in un costante stato di agonia solo per prepararsi ad avvenimenti rarissimi e isolati? Il presidente degli Stati Uniti Roosevelt nel 1933 ebbe a dire per combattere la grande depressione economica: <<l'unica cosa che abbiamo da temere è la paura stessa>>.

IL PENSIERO POSITIVO

Il "pensiero" (ego, mente o corpo mentale), oltre ad essere la seconda parte dell'uomo, è il punto iniziale dove possiamo lavorare: il centro di comando di tutto. Ricordiamo di nuovo **la triplice connessione** del vostro pensiero con il vostro D'io interno, e tramite questo, con il Dio universale e con tutta l'umanità.

Adesso che abbiamo preso, lo spero, la decisione di cambiare e di migliorare la nostra vita, la domanda è: cosa dobbiamo fare in concreto?

Cosa sia il pensiero, ad oggi non si sa, ma possiamo distinguere tra ragionamento, riflessione e deduzione quando pensiamo. Pur tuttavia le idee geniali emergono dal profondo D'io interiore quando non pensiamo e la mente è quieta, quindi possiamo affermare che il vero pensiero ha origine non nella mente ragionante dell'ego, ma nella potenza infinita interiore.

Per il momento iniziare a prendere coscienza di voi e cercate di seguire le seguenti direttive (non regole) per la vostra vita:

1) Ama il tuo D'io interiore, al di sopra di tutto e diventa il suo servo umilmente, che alla fine saresti servo del vero te stesso;

2) Il tuo io-pensiero sia sempre l'arbitro tra il tuo D'io interiore e il tuo falso-io; Combatti il tuo falso-io ogni giorno;

3) sii sempre solidale e generoso con gli altri;

4) **Medita e rimani in silenzio almeno un'ora al giorno, o almeno una frazione;**

5) **Quando parli degli altri, ricordati che anche loro hanno il D'io interiore fatto della stessa sostanza del tuo; rimprovera il loro falso-io, ma non l'intera persona; non perdere tempo a giudicare gli altri;**

6) Non sentirti né superiore o inferiore agli altri;

7) Ama la vita ogni giorno;

8) **Controlla la tua mente ed esprimi solo pensieri positivi;**

9) **Perdona ogni giorno te stesso e gli altri, per gli sbagli del falso-io, 70 volte 7; per dire di non lesinarti;**

10) Combatti ogni giorno la schiavitù dell'ozio, fai il tuo lavoro con impegno costante e coltiva la tua passione segreta;

11) Combatti mentalmente ogni giorno i tuoi vizi inutili (non quelli degli altri, almeno per il momento);

12) **Controlla ogni giorno il tuo avanzamento spirituale e ringrazia;**

13) **Mantieni sempre il segreto del tuo avanzamento;**

14) Ricordati che il D'io interiore ti ama sempre;

15) Ricordati che sei nato per essere felice;

16) **Ricordati di camminare sempre nella luce;**

17) **Ricordati che questi non sono comandamenti, quindi evita gli eccessi.**

Assimilate bene queste direttive in modo che possano entrare dentro la vostra vita in modo stabile. Queste sono anticipazioni sulle "Leggi Naturali dello Spirito", a cui non possiamo sottrarci se non vogliamo autodistruggerci.

Ciò basterebbe già di per sé a elevarvi, ma non basta se non si comprendono appieno tutte le modalità; perché la vita è così frenetica che al primo intoppo, le **forze dell'oscurità** ritorneranno a prendere il sopravvento su di voi ed a farvi indossare di nuovo la maschera che avevate, con tutto il "mal di vivere" e l'angoscia che ne comporta.

La maggior parte delle persone non sa pregare o non prega proprio. Molti sono convinti, spinti da una necessità impellente, che la ripetizione costante di preghiere sia bastevole. Il che non è del tutto errato. Però senza avere un'impostazione scientifica, ho detto proprio scientifica perché è di questo che stiamo parlando, avremo sempre il sospetto che forse è inutile pregare: bisogna capire perché a volte la preghiera non è esaudita laddove invece è uno strumento potente dove tutto è possibile.

La bella notizia è che **se** voi siete uno di quei pochi, fermamente convinto che la vostra preghiera sarà esaudita senza alcun dubbio, state sicuri che la vostra preghiera si avvererà; ma comunque vi rimarrà sempre il sospetto che si sia **trattato di una coincidenza**. Alla fine della lettura di questo libro, avrete la certezza matematica, che quello che vi succederà sarà il frutto del vostro D'io interiore.

Se siete già illuminati o santi, non avete problemi perché tutto vi è già chiaro; ma nel caso contrario, anche se qualche preghiera viene esaudita, rimarrete sempre nel "limbo della dell'incertezza e della soccombenza" per ogni cosa che farete, struggendovi con la solita frase: <<c'è la farò? Ho sbagliato in qualcosa? Non ho fatto abbastanza? Ecc.>>. Starete sempre nella paura di sbagliare e di non meritare più delle grazie di Dio. Non siate bigotti e non ingannate voi stessi come tanti, i quali credono che la loro fede sia ineccepibile. Quando finirete questo libro, non avrete più dubbi sul vostro destino.

Quando il Maestro camminava sulle acque del lago, S. Pietro preso dal desiderio, disse a Gesù di voler provare anche lui. Il Maestro gli allungò la mano e disse <<**vieni e non temere**>>. Senza paura e sentendosi protetto, S.

Pietro uscì dalla barca e incredulo si mise a camminare sulle acque. Ma appena guardò giù, ebbe paura e vi sprofondò, implorando il Maestro di salvarlo. Questi gli porse la mano e gli disse: <<**Uomo di poca fede, perché hai ceduto al dubbio?**>>. Ora, alla luce di questa storia, ponetevi la domanda se veramente la vostra fede sia salda o titubante come quella di S. Pietro.

Al termine di questo corso, sarete avvolti in una luce che vi guiderà e v'impedirà di sbagliare: farete ciò che è giusto per voi e per il vostro mondo, in modo naturale e spontaneo e non per paura. Considerate che dal punto di vista della mente, non esiste un **mondo unico ed oggettivo** uguale per tutti, perché ognuno ha una visione unica del mondo che si è formata nel corso degli anni in base alle proprie esperienze. Potremmo dire che esistono **tanti mondi per il numero delle persone esistenti** perché ognuno vede il mondo in modo diverso da voi.

Sono rari i casi di simbiosi, al massimo si hanno parzialmente in una coppia innamorata dovuto alla forte attrazione del loro D'io interiore. Se mettessimo 10 persone a guardare un gatto, tutti avrebbero ricordi, pensieri ed emozioni diverse l'uno dagli altri; quindi non state a giudicare il pensiero e le emozione degli altri, badate al vostro mondo e miglioratelo. Solo così potrete essere utile anche alla collettività, quando avrete una salda fede in voi stessi.

Se siete angosciati senza motivo, sappiate che ciò è stato creato dal vostro modo di pensare, per cui lavorate sul vostro pensiero, controllatelo e rafforzatelo in modo positivo: diventate i padroni del vostro pensiero tenendo presente che ogni qualvolta vi viene in mente un pensiero negativo, dovrete immediatamente mutarlo in un pensiero positivo, senza sentirvi in colpa perché i pensieri negativi non provengono dal vostro vero io che è il D'io dentro di voi, ma da forze oscure che abbiamo dentro che sobillano il nostro falso ego.

CAPITOLO 22

LA LEGGE DELL'UTILITA' MARGINALE

La legge economica **dell'utilità marginale** che determina il prezzo delle cose tra domanda e offerta, sulla base della necessità ultima, come affermato da Adam Smith, ci insegna a livello spirituale che chi si trova nella stretta necessità è meglio predisposto a fare ogni sforzo e ad aprire il proprio cuore per salvarsi e raggiungere la piena felicità con tutte le soddisfazioni economiche e morali di cui ha bisogno. In altre parole, chi ha più bisogno oppure è più infelice, avrà più possibilità di arrivare, perché sarà disposto a fare qualunque sforzo pur di uscire da quella condizione sfortunata.

Il ricco strafottente che forse all'origine era un giovane povero ma pieno di spirito e di passione, che crede di essere arrivato sopra gli altri e quindi di non aver più bisogno di Dio, di nulla e di nessuno, troverà maggiori difficoltà a ritrovare il suo D'io che ha perso strada facendo. Pensiamo a quel volenteroso ricco di 2000 anni fa che voleva unirsi al Maestro e che alla domanda di donare tutto ai poveri scappò a gambe levate. Oggi, costui sarebbe un esempio per tutta l'umanità e magari più importante degli altri apostoli. Ma soprattutto, avrebbe ricevuto più soddisfazioni e approvazioni durante la sua vita di quante non abbia avuto con i suoi patrimoni? Ma quel vuoto fu encomiabilmente ricoperto da S. Francesco.

Questo è il senso della frase del Maestro: <<**è più facile per un cammello passare da una crune dell'ago che un ricco entrare nel regno dei cieli**>>; che non è una dichiarazione di disprezzo della ricchezza che è un bene a cui dobbiamo tendere per avere le risorse per realizzarci appieno, ma sottolinea il fatto che chi ha raggiunto una stabilità economica, mette al primo posto il suo "falso io" invece del suo "vero D'io" interiore. Lo stesso avviene allorquando un impiegato pubblico all'inizio della sua carriera, si impegna con tutta la sua capacità per rendere un buon servizio alla comunità, ma dopo qualche anno, la sua missione perde di significato, fino ad arrivare a farsi timbrare il cartellino da altri o di sfruttare la propria posizione per incassare bustarelle, sopraffatto dal "Dio denaro"; così il professore che all'inizio cerca di dare il massimo ma poi finisce per portarsi il giornale a scuola, senza aggiornarsi e specializzarsi per rendere la propria materia il più facile possibile agli studenti per indurli ad appassionarsi; oppure il Giudice che dopo qualche accantona i fascicoli nella speranza che il successore ci lavori.

Non esiste un lavoro migliore dell'altro, tutti concorrono alla sopravvivenza dell'efficienza di una società e ognuno dovrebbe riflettere e concentrarsi **sull'utilità sociale** del suo lavoro ed apprezzarlo. Nell'antica Roma c'era un plebeo che voleva **riscattare gli schiavi** che spaccavano pietre alle cave (Pierangela). Andò dal primo e gli chiese cosa pensasse del suo lavoro; questi rispose che **era un'ingiustizia** che erano maltrattati e senza paga. Alla stessa domanda, il secondo schiavo rispose che era un lavoraccio, malgrado ciò, disse, aveva un **tozzo di pane al giorno** che consentiva alla sua famiglia di sopravvivere. Infine, il plebeo andò dal terzo e mentre poneva la stessa domanda, lo schiavo stizzito gli rispose: <<**Non disturbare! Non vedi che sto costruendo il Colosseo?** >>.

Ognuno deve dare un senso sociale al suo lavoro e impegnarsi al meglio per questo, anche se il suo umile apporto sia una goccia nell'oceano, come quello del terzo schiavo dell'esempio.

CAPITOLO 23

LA LEGGE DEL RIPOSO FISIOLOGICO

Tutte le religioni occidentali e orientali hanno sempre inserito il digiuno nel processo d'illuminazione. Ma cosa c'è di vero in questo, è giusto fare questo sacrificio?

In questo rito (o voto) non c'è niente di mistico o di magico e si potrebbe anche evitare se non fosse per la Legge dell'Ottava che impone per ogni cosa un riposo dopo un certo periodo: anche Dio (Energia elettro-Spirituale) si riposò dopo sei giorni di duro lavoro per creare l'universo.

Il vostro corpo ha bisogno di alleggerirsi un po' ogni tanto per riequilibrare le sue funzioni e non ingozzarsi sempre tre volte al giorno. Non c'è nulla di magico o d'imperativo perché è solo un bisogno di riposo fisiologico del corpo per eliminare le tossina eccedenti.

Per chi vuole stare meglio in salute, almeno una volta al mese, sarebbe salutare digiunare, ma non necessariamente per fare un sacrificio o per un voto a qualcuno, perché il corpo umano ha bisogno di essere libero dall'essere ingolfato di cibo continuamente. Se non lo fate, non preoccupatevi perché non è un peccato né un dogma; sappiate però che lo fate per la vostra salute e per il vostro fisico e in particolare per un miglioramento della vostra digestione. Se non digiunate sarà la natura ad imporvelo con un raffreddore che vi impedirà di ingozzarvi per il vostro bene per tre giorni.

Ovviamente non state a patire i crampi della fame perché l'accortezza è non mangiare cibi solidi e sostituirli per l'intera giornata con liquidi, siano essi succhi di frutta, latte, tuorli d'uovo, yogurt o altro: state tranquilli che non morirete di fame e nel periodo di Pasqua approfittatene per prendere due piccioni con una fava.

CAPITOLO 24

LA LEGGE DELLA COMPENSAZIONE DEBITO/CREDITO (KARMA)

Che cos'è la Giustizia per Voi?

Essa non è altro che la compensazione dell'energia elettro-spirituale: quello che è tolto a voi è tolto anche all'ingiusto. E' così e non avete bisogno di vederlo scritto su una sentenza. Se voi perdonate sinceramente l'umiliazione, ci guadagnerete in luce, perché avrete dimostrato di meritarla, se non perdonate ci perderete anche voi perché l'ombra dell'odio scavalcherà la vostra luce, facendo il gioco dell'offensore che vi terrà incatenati sol perché voi lo trattenete dentro e non volete abbandonarlo.

È come tenere un bastone acceso nelle mani, se non lo buttate, vi brucerà; per buttarlo dalle mani dovete solo perdonare l'aggressore e benedirlo ogni volta che vi viene in mente. È difficile lo so, tutta la vostra mente e il corpo s'oppone a questo, ma in definitiva è solo una parola che dovete pensare senza andare a dirglielo, anche se in effetti lo fate per voi stessi e non per l'offensore.

Molto spesso sentiamo parlare del **Karma**, un concetto che sembra ormai essere familiare a tutti, ma che in realtà, in pochi conoscono con certezza il suo meccanismo. Infatti, <u>frasi</u> come "questo è il Karma" oppure "il Karma esiste" sono entrati nel vocabolario comune, benché il significato del Karma venga confuso nella maggior parte delle volte con una sorta di "**<u>destino</u>**" che premia o punisce gli uomini nel corso delle loro vite.

Invece, alla base di tutto questo vi è la grande **legge causa-effetto**, ovvero di azione e reazione, secondo cui **ciò che dai oggi sarà quello che riceverai domani e se "semini vento raccoglierai tempesta"**. Non si tratta quindi di

160

mero fatalismo, ma di una piena realizzazione conseguente del **libero arbitrio**. Le filosofie orientali però lo inseriscono in un ciclo di morte e di reincarnazione.

Secondo la **legge della compensazione debito/credito (contrappasso di Dante)**, ogni pensiero o azione positiva genera un "merito", mentre ogni pensiero o azione negativa genera un "demerito". La conseguenza è che raccoglieremo i frutti che saranno positivi o negativi sulla base dei vostri pensieri e intenzioni.

Ogni volta che si compie una buona azione verso un altro, tende a tradursi in un ritorno positivo (in termini di qualche forma di felicità), senza essere legato al ricevere un semplice "Grazie" da quella persona! Ogni volta che si arreca un dolore o danno, ciò tende a tradursi in un ritorno negativo (sotto forma di qualche dispiacere). Il bello è che non può essere annullato da un semplice "mi dispiace"!

Può essere annullato solo da un sincero pentimento e non generico di circostanza, perché non servirebbe. Se potete cercate di rimediare e se vi cola una lacrimuccia vuol dire che forse avete capito.

La legge della compensazione debito/credito, è precisa e infallibile. Si tratta di un qualcosa comparabile al **terzo principio della "Dinamica" di Newton**, in cui si afferma che "per ogni azione c'è una reazione uguale e contraria" nel cosmo, valido anche nel campo dell'energia elettro-spirituale di Dio.

Questo concetto oltre ai grandi pensatori Romani e Greci, è stato cristallizzato da Dante nella Divina Commedia con la "Legge del Contrappasso", quindi utilizzate questo termine.

CAPITOLO 25

LA LEGGE DELL'UGUAGLIANZA

L'art. 3 della nostra Costituzione recita: << Tutti i cittadini hanno pari dignità sociale e sono eguali davanti alla legge, senza distinzione di sesso, di razza, di lingua, di religione, di opinioni politiche, di condizioni personali e sociali>>.

Per arrivare a questa piccola frase giuridica ci son voluti millenni di battaglie e due catastrofiche guerre mondiali. Sono 75 anni che l'Europa è in pace ed è stato dimostrato che il **benessere sociale** cresce in tempo di pace in modo esponenziale per tutti. Dobbiamo riconoscere che **l'arbitro internazionale della pace** nell'ultimo secolo è da attribuire al **Vaticano**, il quale forte della sua Autorità morale riconosciuta a livello mondiale, ha fatto da paciere per affievolire molte contese che potevano finire in un altro disastro. Al secondo posto vi è l'ONU, ma solo per l'occidente.

L'art. 3 Cost. citato, però **non** dice che **tutti gli uomini sono uguali**, ma chiarisce che **tutti gli uomini, davanti alla legge sono uguali**, insomma che la legge è uguale per tutti, per cui si applica in modo uguale a tutti a prescindere dalle differenze di sesso, di colore, religione ecc. (almeno sulla carta).

Che cos'è dunque la vera uguaglianza tra gli uomini? Anche su questo concetto vi sono fiumi di biblioteche e ovviamente tutte discordanti anche se tutte accettabili.

Per la nostra impostazione universale, come molti avranno già afferrato, l'uguaglianza è avere l'identica essenza in ogni cosa del creato, ossia di avere un D'io uguale in ogni cosa del creato (praticamente: la stessa energia elettro-spirituale).

Non solo tra gli uomini quindi vi è uguaglianza, ma in tutte le cose della natura: ecco perché il rispetto della natura equivale al rispetto di noi stessi, ovviamente se non portato all'eccesso. Ogni buon concetto se portato all'eccesso diviene una catastrofe, così nel pensiero dei vegetariani tutti dovrebbero diventarlo, la conseguenza sarebbe che molti dovrebbero morire col tempo perché il cibo sarebbe insufficiente sia quantitativamente che qualitativamente, o comunque le aspettative di vita si ridurrebbero a 50 anni come qualche secolo fa. Altra cosa è tutelare gli animali in via di estinzione o proteggere quelli d'allevamento con una vita migliore.

L'uguaglianza esteriore delle persone o di ogni altra cosa, non potranno mai essere identiche (così come la situazione economica) perché ogni cosa ha una sua forma unica così come all'interno di ognuno i suoi pensieri non potranno essere identici a quelli di un altro: l'uguaglianza delle forme non esiste e non esisterà mai, per questo ogni cosa ha il privilegio di essere originale e unico.

Dal punto filosofico potremmo dire che è l'era del ritorno al coscienzialismo puro e nel momento in cui capite che la vostra essenza-coscienza sono uguali alla luce e all'essenza degli altri, capirete in cosa consiste l'uguaglianza. La c.d. "coscienza sporca" non esiste, viene solo offuscata dal vostro **falso-io e dall'ombra;** la coscienza è sempre pura essendo la voce del vostro D'io interiore e quando vi manda dei rimorsi per una malafatta, cercate di rimediare e chiedere perdono sincero.

Non appena troverete la strada per arrivare nel vostro "castello interiore" attraverso la meditazione, il silenzio e la riflessione (come S. Teresa D'Avila), capirete la vera uguaglianza interiore con gli altri, com'è stato ampiamente spiegato nei vari capitoli precedenti, per cui è inutile approfondire ulteriormente il discorso col rischio di confondervi, l'importante è avervi dato la canna da pesca per procurarvi il vostro cibo spirituale.

CAPITOLO 26

LA LEGGE DELL'UMILTA'

Queste sono le vere e proprie leggi spirituali universali valevoli in ogni luogo e in ogni tempo presente, passato e futuro.

Abbiamo inserito la legge dell'umiltà al primo posto tra le "Leggi Perentorie" perché v'innalzerete nella misura in cui sarete umili, ovviamente con l'aiuto della salda fede nel vostro D'io.

Al contrario, le persone umili di cuore **ma senza una salda fede**, rischiano di cadere nel vittimismo e alla mercé di approfittatori, rischiando di scendere sempre più in basso perché diventeranno più amareggiati e vendicativi degli altri, invece d'innalzarsi.

La legge dell'umiltà significa che dovete essere servi del vostro vero-io, ossia servi del vostro D'io interiore e non padrone di Lui, perché nel momento in vi sentite padroni non è il vostro vero io, ma il vostro falso io a comandare su richiesta della vostra "ombra"..

Questo basilare concetto fu espresso in modo semplicissimo e simbolicamente dal Maestro, allorquando egli si abbassò per lavare i piedi agli Apostoli: chi di voi l'avrebbe fatto sapendo di avere poteri che altri non avevano? L'essenziale è farlo con cuore umile e non per espletare un semplice rito o soltanto per masochismo spirituale per castigare il proprio orgoglio: deve essere una cosa spontanea fatta con gratitudine verso il vostro D'io interiore.

Ognuno di noi non è nessuno davanti all'immensità di Dio e nella misura in cui ne avrete consapevolezza, ne riceverete i benefici per avere successo nelle vostre attività. Non stiamo creando **rammolliti passivi**, ma persone vere con una dignità e una voglia di fare qualcosa al di fuori del normale.

L'umiltà è una legge perentoria di Etica, ma è anche una virtù con la quale l'uomo riconosce i propri limiti, annullando ogni forma di orgoglio, di superbia, di emulazione e di sopraffazione che col tempo capirete che sono inutili e dannose per voi.

Per fare il grande salto di qualità, come fecero i Santi o gli illuminati del mondo, dovete portare il concetto di umiltà ai più alti livelli. Il Maestro disse: **"chi di voi vorrà essere il primo, si faccia l'ultimo"** o meglio si faccia "Nessuno": solo così sarete un tutt'uno in Armonia con il vostro D'io interiore , con il Dio Universale e con la natura.

Altra cosa è avvertirvi dei pericoli del mondo e dell'avidità degli altri, come disse uno al di sopra di noi: "siate semplici come le colombe e vigili come i serpenti", anche se adesso avete le protezioni necessarie, quindi non temete niente.

Colui che ha ottenuto dei beni materiali che sono "doni di Dio", dopo può dimenticarlo e preso dalla vanagloria senza rendersi conto, può arrivare a credere di essere superiore agli altri che hanno di meno e credere che sono quindi ad un livello inferiore rispetto a lui.

Ritornare a essere come bambini, non consiste soltanto nel riappropriarsi dei poteri che si avevano prima che si sono persi diventando adulti, ma principalmente **riappropriarsi consapevolmente** dell'umiltà, devozione e ubbidienza propria dei fanciulli di 2/5 anni, ma non più verso i genitori, bensì verso il vostro D'io interiore.

Un bambino ricco di tre anni gioca e si diverte tranquillamente con un bambino di colore o con un bambino povero, ma crescendo la società direttamente o indirettamente, gli inculca "a fin di bene" il concetto di stare lontano da quelle persone perché vogliono solo la sua ricchezza, con la conseguenza di allontanarlo dalla sua naturale umiltà.

Al contrario al bambino povero vengono inculcati altri valori, primo tra i quali di essere furbo e di arricchirsi e se il caso di appropriarsi dei beni degli altri di nascosto, per ritrovare la felicità che hanno i ricchi.

I bambini ricchi o poveri, cresceranno nel modo sbagliato e la conseguenza sarà che entrambi, alla prima occasione di autonomia si faranno una canna.

L'umiltà vi farà andare oltre l'immaginazione per diventare primi e se arriverete a questo stato, ringraziate e perdonate chi vi disprezza perché vi ha reso un servizio, ossia vi offre l'opportunità di verificare come siete e se state crescendo dentro.

Sembra un paradosso, ma è così. La gente si fa umile quando ha bisogno, ma appena esce dal bisogno invece di essere più umile ritorna con astio a far pagare agli altri il conto delle umiliazioni subite. Se doveste restare soli a risolvere un problema, non preoccupatevi se gli altri vi affondano invece di rialzarvi: è questo il momento di dimostrare il nostro valore e la fede che avete nel vostro D'io interiore, dimostrandoci ancor più umili per ritrovare il coraggio di andare avanti. Quando servite gli altri, in effetti state servendo voi stessi.

CAPITOLO 27

LA LEGGE DEL PERDONO

Questa legge è stata trattata abbondantemente negli altri capitoli, in particolare in quella della compensazione debito/credito, per cui il concetto, presumiamo sia stato afferrato.

La indichiamo in questa sezione soltanto per dirvi che essa è un legge spirituale universale perentoria (Etica), valida in ogni tempo ed in ogni luogo per cui va rispettata sempre ed in ogni caso.

CAPITOLO 28

LA LEGGE DELLA CARITA' E DELLA BONTA' (SOLIDARIETA')

"Chi dà, riceve, e a chi trattiene sarà tolto quello che ha": questa è una verità che ovviamente va temperata con le esigenze giornaliere della famiglia o dell'associazione. Se uno ha uno stipendio che a malapena riesce ad arrivare a fine mese, deve attuare il principio della parsimonia (non della tirchieria che è diverso).

Siete sicuri che tutto ciò che spendete sia veramente necessario per la vostra vita. Se non cambiate borsa o orecchini o cellulare una volta al mese, credete veramente che i soldi **non basterebbero per dare qualcosa** a qualcuno che ne ha veramente bisogno, oppure è frutto del vostro orgoglio ed egoismo?

Se vedete un bambino piangere al supermercato perché la madre non le può comprare un giocattolo o una cioccolata, siete sicuri che non potete allungare la mano? Ovviamente con garbo senza mortificare la madre, spiegando che lo fate per voi e ringraziate per quest'opportunità.

La differenza che c'è tra essere **generosi** ed essere **prodighi** (spendaccioni), consiste nella stessa differenza che c'è tra l'offrire un pranzo ad uno che ne ha bisogno e pagare sempre il pranzo agli amici che non ne hanno bisogno:

1) nel **primo caso è carità** se fatto col cuore e non per ostentazione e ne avrete un beneficio. La Legge della Carità bisogna sentirla dentro e immedesimarsi nel bisogno dell'altro, se l'atto caritatevole vi porterà sollievo e soddisfazione come se qualcuno l'avesse fatto a voi (senza aspettarvi un ringraziamento o un asservimento dell'altro), **allora vuol dire che l'avete fatto col cuore ed è vera carità**.

2) la **prodigalità** invece è dovuta al vostro falso-io e soddisfa la vostra **vanità di dimostrare e vantarvi di essere ricco** o per compensare un complesso di inferiorità, in tal caso i vostri commensali "tutto sorriso" lo manterranno soltanto fino a quando ci sarà la cuccagna ed alla prima occasione vi faranno pagare la vostra spavalderia. Comunque non riceverete i benefici spirituali dalla vostra prodigalità perché questa non è carità e non avete fatto del bene a nessuno. Siete ancora un ipocrita che non vuole capire e l'avete fatto soltanto per il vostro orgoglio ed egoismo, per mortificare l'altra persona e farle indirettamente capire la sua inferiorità (e se un giorno si invertiranno le cose, il poveraccio, che può essere anche un dipendente o un amico o un fratello, ve la farà pagare per l'affronto ricevuto senza amore, nonostante abbia ricevuto nel bisogno).

Vi consiglio di astenervi proprio dal fare queste pseudo-carità perché è peggio, ma lavorateci sopra fino ad aprirvi e capire.

Chi ha il dono della carità (che non significa fare la sterile carità) è l'uomo più ricco del mondo e sente di appartenere all'universo: guardando le stelle e la luna potrà dire con gioia: "ecco le mie stelle, ecco la mia luna" perché sa di essere un tutt'uno con l'universo.

Domenico Modugno, forse preso dallo sconforto per qualche ragione, stava tentando di buttarsi dal ponte, quando all'improvviso un angelo mendicante, tentando di dissuaderlo gli disse: "Meraviglioso. Ma come! Non ti accorgi di quanto il mondo sia Meraviglioso? Ma guarda intorno a te ... che doni ti hanno fatto: ti hanno inventato il mare. Tu dici "Non ho niente"; ti sembra niente il sole? La vita, l'amore?" (Questa è sia poesia che santità).

E tutto questo senza che abbiate pagato il biglietto per entrare nel cinema della vita: il vostro falso-io vi ha fatto dimenticare tutte le meraviglie del mondo e che la vita è bella qualunque sia la vostra età o condizione fisica o economica. Non crediate che i ricchi non debbano lavorare o che siano senza responsabilità, o che non siano afflitti per l'invecchiamento o dalla paura della morte? Tutte queste stupidaggini o virus sono infiltrazioni della vostra ombra che è salita nella parte superiore della clessidra, oscurando la vostra luce.

Fino alla metà del secolo scorso, a volte i padroni invidiavano i sottoposti, i quali ogni sera dopo un duro lavoro, trovavano il tempo di stare insieme, parlare e divertirsi con pranzetti comuni. Gli americani andavano in bestia quando vedevano quei mostriciattoli neri che si divertivano la sera davanti al falò nonostante le angherie del giorno, ma invece di capire, il giorno dopo i bianchi, raddoppiavano le mortificazioni per vendicarsi della gioia dei sottoposti. I tedeschi-nazisti fecero lo stesso nei "Lager della Vergogna", che tra mille paure gli Ebrei trovavano il tempo di sorridere e per pregare per non morire anche dentro e mantenere la speranza, com'era l'intento dei persecutori.

Il filosofo-storico di Napoli Gianbattista Vico nei suoi "Corsi e ricorsi" ci dice chiaramente che la storia dei popoli, come la storia di ognuno, propone sempre le stesse situazioni e gli stessi scenari: quello che cambia è solo il vostro approccio agli eventi. Questo si verifica fino a quando non impariamo dai nostri errori e siamo quindi in grado di cambiare le nostre azioni tramite il controllo con un'attenta introspezione della vostra maturazione.

"C'è dentro di me non so che spirito divino" disse Socrate; quello appunto di cui Meleto, scherzandoci sopra, scrisse nell'atto di accusa "Ed è come una voce che io ho dentro sin da fanciullo; la quale ogni volta che si fa sentire, sempre mi dissuade da qualcosa che sto per compiere, e non mi fa mai proposte"; (Apologia di Socrate, 31 d).

Questa vocina o sensazione, voi i primi anni di vita la sentivate in modo naturale, solo che nel tempo l'avete dimenticata. I bambini fini a due anni non possono rendersi conto di questa loro funzione, ma nel momento del distacco dell'io dal D'io, creando un pensiero autonomo, è avvenuto un adamico distacco da Dio che ci ha impedito di camminare insieme ed in armonia. Apprendere questa consapevolezza da adulti, significa conoscere D'io sia a livello personale che universale in armonia.

L'ultimo comandamento che lasciò il Maestro prima di morire fu: "amatevi come io ho amato voi" e considerato che la bontà del Maestro era sovrumana, se facciamo un confronto con la nostra bontà, noterete che siamo ai minimi termini e che non vi è limite all'amore per la natura ed il prossimo: "ama il prossimo tuo come te stesso e D'io sopra te stesso".

La nostra missione, dunque, è amare il prossimo che non significa prostrarsi o prostituire la propria dignità, ma come ci ha insegnato il Maestro: «Ogni volta che avete fatto queste cose a uno solo di questi miei fratelli più piccoli, l'avete fatto a me» (Mt 25,40).

CAPITOLO 29

LA LEGGE DELLA SOSPENSIONE DAL GIUDIZIO

Un giorno il Maestro disse: "Non tentare di togliere la pagliuzza negli occhi degli altri e non fai nulla per togliere la trave che hai negli occhi".

L'inciso non ha bisogno di ulteriori commenti, ma siccome ci sono sempre quelli che capiscono solo quello che a loro conviene, è meglio specificarlo.

Chi siamo noi per giudicare qualcuno che ha sbagliato? Dei santi, degli illuminati, dei profeti, Dio? Chi siamo noi per metterci la toga da giudice per dare un giudizio su un altro, se non sappiamo niente della sua vita? Se ha sofferto, se è stato solo, se è in difficoltà, se ha perso tutto: questo lo sa solo lui. E quale sicurezza abbiamo noi, se nelle sue medesime condizioni di vita vissuta, non avremmo agito peggio di lui.

Non giudicare è una Legge Naturale Spirituale **perentoria** e nel momento in cui non la rispetti, la tua "Ombra" è già salita di un gradino senza che tu te ne accorga, togliendoti luce ed energia spirituale dal tuo equilibrio psico-fisico. A cosa ti giova cadere in questa trappola comune a tutti, dove lo spettegolo va di moda nella convinzione di diventare migliori buttando fango addosso a qualcun altro, a prescindere se il fatto sia vero o meno, oppure se il soggetto sia una persona cattiva e invidiosa. Addirittura le donne comprano le riviste di pettegolezzi per andare oltre l'illusione di essere più giuste.

Perdona sempre perché adesso sai che la colpa è del suo falso-io e non del suo vero-io, quindi passa avanti e augura a tutti di trovare la giusta via se vuoi trarne un beneficio spirituale dalla situazione.

Viceversa, cerca di trovare le tue "travi" per liberarti dalle tue catene e perdonati con il tuo D'io di essere stato così imprudente.

Avete appreso che già esiste una Giustizia Divina nella legge della compensazione debito/credito (Karma), per cui la vostra condanna è un inutile duplicato che fa del male solo a voi stessi e di cui dovrete pagarne un prezzo. Pensate e preoccupatevi della vostra vita per avanzare.

Il Giudizio spetta solo a Dio perchè l'Energia Spirituale non ha bisogno delle vostre sentenze, sapendo come agire e quando agire, perché tutto è automatico.

Anzi, al contrario, sempre con cautela e trovando le parole giuste, aiuta il prossimo a farlo ritornare come prima, magari regalagli, dopo averlo letto, questo libro e chissà se un giorno potrà ringraziarti. Ad ogni modo se volete fratelli o amici fidati, fate in modo che leggano questo libro, eviterete qualche pugnalata alle spalle da parte del loro falso-io.

CAPITOLO 30

LA LEGGE DELLA NON SFIDA E DELLA SOTTOMISSIONE

Un giorno il diavolo tentatore (lato oscuro) disse al Maestro: <<Buttati da questa montagna, così Dio, visto che credi, manderà un angelo a salvarti>>; mentre un comandamento di Dio dato a Mosè dice <<Non nominare il nome di Dio invano>>.

Queste frasi riassumono il concetto della **legge della non sfida**. Mettere alla prova Dio corrisponde a quella persona che senza allenamento vorrebbe sfidare un campione mondiale di pugilato. Oppure come se una formica volesse sfidarvi nella corsa. Secondo voi cosa farebbe il campione mondiale oppure voi, davanti alla sfida della Formica? Ridereste e vi offendereste e certamente non prendereste sul serio la richiesta della formica/sfidante.

Similmente così sarebbe la risposta di Dio a ogni vostra sfida sprezzante verso Egli. Chiedere una prova a Dio è un'offesa a Dio stesso, perché nel momento in cui la chiedete, lo state rinnegando, con la conseguenza che vi scaricate addosso un'energia spirituale negativa che vi porterà solo sfiga.

***

Ulisse inorgoglitisi per aver sconfitto Troia, invece di ringraziare gli Dei, si sentì superiore a Loro, ricevendone un'odissea di disgrazie che durò dieci anni. Questa è la **"legge della sottomissione"**. Non possiamo minimamente pensare di essere superiori all'Energia-Spirituale universale che tiene in armonia la natura e mantiene unito tutto l'universo, compresa la Terra che al confronto del cosmo è meno di un batterio.

Quei parapsicologi o medium o presunti maghi, che si sono messi a fare degli esperimenti di telecinesi o altro, sono caduti nel ridicolo perché non è possibile sfidare o chiedere delle prove a Dio solo per ostentazione, per cui ogni esibizione in tale senso o sono trucchi d'illusionismo o sono fake: voi vi esibireste se una formica vi chiedesse di dimostrargli che sapete accendere il fuoco? Quindi se rifiutereste voi, immaginate cosa farebbe Dio che una forza spirituale infinitamente più buona di voi.

Quindi non cercate prove e non arrogate sfide a Dio se non utili e necessarie per la vostra vita o per quella degli altri. Una cosa è buttarsi dalla

173

montagna per vedere se Dio vi salva, altra cosa è chiedere di salvarvi mentre state precipitando accidentalmente.

Quando andate dai maghi o fattucchieri per qualsiasi esigenza positiva o negativa, oppure quando partecipate a messe-nere o sataniche, sappiate che state rinnegando e mettendo alla prova il vostro D'io interiore, che è collegato alla natura e all'universo, state rinnegando la vostra "Luce" in favore della vostra "ombra". Le conseguenze saranno catastrofiche e in misura maggiore o minore ne uscirete comunque con qualche depressione a vostra insaputa che potrebbe portarvi ad azioni scellerate se non alla possessione totale dell'ombra su di voi che potrebbe spingervi anche al suicidio o all'omicidio di un vostro caro.

L'argomento è così evidente e chiaro che non merita approfondimenti.

CAPITOLO 31

LA LEGGE DELLA VERITA' E DELLA FEDELTA'

Sull'essere vero crediamo di aver già detto tutto, ma non che è una legge di Etica perentoria obbligatoria. Se avete preso dimestichezza con il vostro D'io (o coscienza) avrete notato che alcune cose che prima nascondevate di voi, adesso vi scivolano tra le mani e non provate particolare sforzo a dire la verità.

Sulla fedeltà invece molta gente crede soltanto che si riferisca a quella coniugale. In effetti quest'ultima è una delle tante con una doppia **valenza di azione od omissione**: la prima è l'azione del tradimento; la seconda è **l'infedeltà-omissiva** ossia il disinteresse/rifiuto del partner nel confronti dell'altro che porta quest'ultimo a non sentirsi amato che è peggio del tradimento.

Se dovessi dare un consiglio a una coppia direi a lui: "impara l'arte di fare l'amore", e a lei direi: "aiuta lui ad imparare l'arte di fare l'amore", perché nell'armonia del **rapporto di coppia** l'uomo è il giorno e la donna è la notte (non nel senso che l'uomo è buono e la donna è cattiva, bensì nel senso che la donna aspetta la luce e l'amore dall'uomo, mentre l'uomo cerca la luna per illuminarla ed amarla), conseguentemente **la donna cercherà sempre di oscurarvi** per provare fin dove arriva la vostra luce. Il discorso andrebbe trattato con un libro a parte e questo non mi sembra il luogo, per cui vi rimando ai libri che trattano l'argomento. Vi ricordo solo che anche qui vige la Legge dell'Ottava, perché qualunque cosa se attuata in modo sfrenato, dopo uno/due mesi subentrerà una sorte di nausea e di disinteresse per l'altro partner che è peggio di non farlo proprio: organizzatevi e studiatevi. Altra cosa sono le coccole e i massaggi senza sesso che potete farli senza lesinarvi. Se vi siete sposati perché eravate innamorati: coltivatevi e non spostate il baricentro di voi sui figli appena nati, ma soprattutto non cercate inutili e passeggere emozioni altrove o sui social, senza pensare che i vostri figli ne soffrirebbero.

Viceversa la principale fedeltà è quella di essere fedeli sempre al vostro D'io interiore che vi parla attraverso il silenzio della coscienza che è il vostro vero-io ed è infallibile. Anche un'esperienze "non eclatante" vi insegnerà almeno qualcosa per il prossimo tentativo, sapendo che potevate evitare gli sbagli. Siate fedeli a voi stessi e al vostro D'io e non avrete mai pentimenti.

La fedeltà può essere riferita al proprio D'io, alla coppia, alla Patria, alla propria azienda, al proprio paese, alla propria associazione, agli amici: mai rivelare un segreto personale rivelatovi anche se avete litigato con il vostro amico/a, oppure con il vostro partner: neanche nel confessionale.

CAPITOLO 32

LA LEGGE DELL'APPREZZAMENTO E DELLA GRATITUDINE

Per entrare al cinema pagate il biglietto. Avete mai ringraziato per essere entrati nel cinema della vita e per aver avuto l'opportunità di salvezza senza pagare? E la mattina quando vi alzate, avete mai ringraziato l'opportunità di un altro "nuovo" giorno da vivere, senza che qualcuno vi abbia fatto pagare? Tutto vi è stato dato gratuitamente. Forse non sapete che fila c'è fuori che aspetta per entrare nel cinema della vita e tu sei stato fortunato a nascere; se poi ti sei convinto o ti hanno fatto credere che sei inferiore, questo non è imputabile alla natura ma al tuo modo di pensare: l'unico responsabile della tua presunta inferiorità sei solo tu, a causa del tuo falso-io che si è infiltrato nella tua vita tramite la tua Ombra, ossia tramite la paura creata da te o inculcata da altri.

Non siamo venuti al mondo per fare solo dieci case, il macchinone e quattro incontri ravvicinati per sentirci qualcuno. Oltre a questo c'è ovviamente di più: se non ammiri la natura ogni giorno che ti regala uno spettacolo diverso e pensi che sia sempre tutto uguale, è perché hai gli occhi chiusi e non ti accorgi che è un nuovo giorno.

Per ogni argomento vorremmo scrivere di più, ma oltre a dover contenere un numero di pagina, accumulando altri concetti vi è il rischio di perdere di vista i concetti più importanti.

PARTE QUARTA

LE ORIGINI DELLA VITA

CAPITOLO 33

ORIGINE DELLA VITA

Stranamente, la gente è sempre in cerca di miracoli "speciali" per avere la prova che ci sia qualcosa di soprannaturale e non si accorge che una rondine in volo è già un miracolo, se pensate che l'energia spirituale (Dio) in milioni di anni ha trasformato il fango per farla diventare così. Quando vi svegliate la mattina e non vi rendete conto che è un miracolo, anche se in quel giorno dovete pagare una cambiale che vi lascerà senza soldi. Com'è possibile che non ci accorgiamo di niente e abbiamo perso il senso della vita?

Se sapeste quanti miliardi di euro spendono all'anno per conoscere l'origine della vita, restereste sbalorditi.

Secondo voi che cos'è la vita? Implicitamente abbiamo già risposto alla domanda, allorquando abbiamo detto che ogni cosa **è un condensato di energia e/spirituale che diviene qualcosa a seguito di sollecitazioni delle onde e/spirituali e può trasformarsi per cause accidentali,** ma ovviamente non ci dà la risposta come spiegarlo con una equazione. In una sua lezione, Shròdinger disse: <<come possono gli eventi nello spazio e nel tempo che si svolgono ai confini spaziali di un organismo vivente essere spiegati dalla fisica e dalla chimica?>> che significa semplicemente: "come può la fisica e la chimica spiegare la vita di un essere vivente? La risposta è che dovremmo scoprire la formula matematica dell'energia spirituale e delle fibre elettro-spirituali.

In effetti il problema è solo apparente, perché una pietra è vivente perché all'interno vi è movimento di atomi, tanto quanto in un essere vivente, solo che la pietra è ferma e noi camminiamo, pensiamo e ci riproduciamo e definiamo questi eventi con il termine "vita". Se è vero che noi veniamo dal fango o dalla terra, allora possiamo dire che noi siamo delle pietre che camminano, pensano e si riproducono, grazie all'evoluzione spirituale dell'atomo avvenuto in miliardi di anni.

Se per evoluzione ci siamo trasformati dalla terra in esseri viventi, allora vuol dire che questo condensato di "energia e-spirituale" che vive e si riproduce, è collegato con una "centrale elettro-spirituale" da un "Filo invisibile e più veloce della luce" che ci dà l'energia spirituale necessaria per la vita, laddove l'assunzione di cibo e di calorie permette solo di mantenerci in vita, ma non che siano la vita, perché questa è data principalmente da un condensato di fibre elettro-spirituali (Spirito Santo per i religiosi e Prana per gli orientali).

La prova dell'esistenza delle onde elettro-spirituali, ultra-leggere e più veloci della luce, è sotto gli occhi di tutti. Basterebbe guardare il proprio corpo e chiedersi come fa a funzionare, consumando energia per circa 1-2 Kw al giorno (meno di una lampadina); laddove se dovessimo inserire in un robot tutte le infinitesimali funzioni del corpo e della mente, non basterebbe una centrale nucleare per il consumo energetico di ogni uomo. Nessun scienziato potrà spiegare ciò senza spiegare cosa sia questa energia che viene associato alle calorie dai dietisti come misura, pur non coincidendo essendo questa energia e/spirituale anche nell'aria e nella luce, i quali sembra siano sprovvisti di calorie. Se così fosse noi saremmo dei "complicati robot" che camminano con una batteria ricaricabile.

Ne deduciamo quindi, che dal rapporto funzione/consumo del corpo umano, ci sia qualcosa più veloce della luce (o quantomeno come la luce) e che il nostro "D'io" interiore è una parte infinitesimale di anti-materia spirituale con una carica enorme di energia, capace di far funzionare divinamente il nostro essere: noi siamo un po' di fango con un enorme potenziale energetico per fare quello che facciamo. Se facessimo esplodere l'energia contenuta in una penna, l'intero sistema solare o l'universo esploderebbe, come dicono i fisici.

Ritornando all'argomento: da dove sono arrivati i batteri sulla Terra che poi hanno dato origine alla vita? C'erano già o sono arrivati dallo spazio?

Sarebbe un controsenso pensare che essi siano arrivati dallo spazio, perché dovremmo capire, come avrebbero fatto a sopravvivere sulla Terra se vengono dallo spazio che è un ambiente diverso dalla nostra atmosfera. In altre parole se prendete dei batteri e li portate nello spazio oltre l'atmosfera terrestre, questi muoiono in 2/8 anni e comunque non potrebbero resistere per un viaggio di milioni di anni.

La verità è che i batteri sono già una fase successiva della vita, perché essi sono l'evoluzione della componente fisica e spirituale degli atomi stessi della Terra (o meglio in sintesi: **dalla combinazione degli atomi di** <u>fuoco o calore, aria, terra, acqua;</u> oltre **alla potenza dello** <u>spirito</u> **insito ad essi e con l'aggiunta anche del** <u>"suono"</u> **prodotto dai fulmini, mare, vento, vulcani che hanno sollecitato vibrazioni e quindi le primordiali onde elettro-spirituali),** i quali per lo spirito positivo di benevolenza insito ad essi, spingono alla vita. Quindi i batteri non vengono da nessuna parte se non dagli atomi stessi e quindi dalla terra stessa (dal fango come cita la Bibbia e la storia di Prometeo).

La prova provata di quanto detto ce la dà proprio il Big Bang: qualcuno potrebbe affermare che al momento dell'esplosione del Big Bang ci fossero dei batteri? È impossibile e illogico: pertanto i batteri potenzialmente possono nascere in ogni pianeta e nondimeno la Terra non ha bisogno di batteri extraterresti.

Sicchè in altri pianeti, anche senza andare a verificare, possiamo con certezza dire che vi è vita, batterica o diversificata, laddove sussistono le condizioni ottimali accennati (**equilibrio tra luce, aria, terra, acqua, suono, e energia-spirituale insita al tutto**) che consentono agli atomi di svilupparsi in una vita diversificata a seconda dell'ambiente, atteso che il **concetto oggettivo** di vita non è definito, per cui in teoria, potremmo ipotizzare anche un'evoluzione vitale semplicemente minerale o gassosa, fuori dai nostri schemi. La potenza spirituale insita negli atomi, sono in movimento in tutto l'universo.

Quante volte avete letto nelle scritture sacre o profane occidentali e orientali che Dio (o l'energia spirituale), è in ogni piccola parte dell'universo e quindi in ogni singolo atomo e l'insieme è coordinato da una "intelligenza cosmica" al di sopra della nostra conoscenza e comprensione? Anche la scienza non può far a meno di pensare che il cosmo sia così perfetto che sembra sia governato da un "Ingegnere o Architetto Cosmico" il cui nome è solo un surrogato per evitare di pronunciare Dio, il quale segue sempre il principio dell'armonia dopo il caos (entropia) a loro dire.

Per un motivo scientifico a noi sconosciuto, gli atomi spingono verso la sua evoluzione per una forma migliore di vita, quasi per uno scopo di liberazione dalla materia. Questo processo "ultimo" di liberazione, non può avvenire automaticamente (con la bacchetta magica), ma solo attraverso l'evoluzione verso qualcosa di più sofisticato ed evoluto che faccia una "scelta libera, autonoma e consapevole" di riconoscimento e di sottomissione volontaria al proprio D'io (il bambino pur essendo una perfetta trinità non può fare questa scelta libera non avendo ancora un io-autonomo: questa è la sfida che Dio propone all'uomo).

Curiosamente, alcuni esoteristi che seguono la "Dottrina Segreta" di Madame Blavatsky, ritengono che le anime circa 185 mil. di a.f., erano nel "Pralaya" che corrisponde al nostro Paradiso che è amministrato da un certo sig. Maitreya, corrispondente al nostro Cristo e che le nostre anime sono scese da questo Paradiso circa 180 Mil. a.f., per ripopolare la Terra inserendosi nel corpo degli ominidi. La cosa sembra un po' strana e illogica: se eravamo già in Paradiso che senso avrebbe scendere sulla Terra per riguadagnarsi il posto in Paradiso col rischio di non ritornarci più?

Noi siamo il punto d'arrivo, a oggi, ossia la massima espressione evolutiva degli atomi, intesa come energia e-spirituale globale (chiamata anche volontà di Dio), che si è compiaciuto in questo, perché solo alla specie umana è data la facoltà di attuare questa "scelta consapevole" di liberazione e tra tutta l'umanità presente e passata per accedere al mondo parallelo di beatitudine o Paradiso ed **il Maestro è la massima espressione ed il più alto grado di "liberazione consapevole" dell'evoluzione di Dio verificatasi** nella storia e ben possiamo considerarlo il "capo" di quella vita parallela di spiritualità.

Altro discorso è se questa facoltà ce la siamo guadagnati da soli, oppure ci diedero una mano quei giganti Elohim di cui parla la Bibbia: in ogni caso noi abbiamo questa facoltà, e tanto basta per capire che questa è stata la volontà dell'Energia e-Spirituale positiva e quindi di Dio.

Il fatto che teologi e mistici chiamano questo processo "volontà di Dio", non diminuisce la sua valenza, ma anzi viene confermata a prescindere dalla dinamica scientifica descritta che prima o poi verrà ratificata dalla scienza con un'equazione matematica.

Questa "Intelligenza Cosmica" o "Spirito Cosmico", ossia quella che Socrate e Platone chiamano "Mondo delle Idee", mentre i religiosi la chiamano "volontà di Dio", ha una finalità che è quella di liberarsi dalla materia per creare un Regno di Dio esclusivamente spirituale di beatitudine. Questo è il senso dell'evoluzione dell'atomo o della materia: lo scopo finale degli uomini.

La volontà di Dio, insita nell'energia spirituale degli atomi, in miliardi di anni è approdata ai batteri e poi a forme più omogenee, fino alle piante, per poi arrivare agli animali e tra questi scegliere l'uomo dopo sconvolgimenti biologici e guerre tra animali e spseudo-animali per il dominio sulla Terra (non intendiamo una scelta deliberata degli atomi, ma "in re ipsa" naturale all'evoluzione e quindi divina per questo, per arrivare all'obiettivo finale), ma ovviamente i religiosi possono attribuire questo processo ad una volontà Divina pensante: il risultato è uguale.

Il "Regno di Dio" universale su un'altra dimensione esclusivamente spirituale (o come lo chiamano gli scienziati "mondo parallelo" o a "specchi"), **è l'obiettivo finale** di questa Energia e-Spirituale, santa perché benevola verso l'umanità la quale è emersa tra le altre forme di vita per compiacimento della volontà di Dio.

Seguendo questa evoluzione dell'atomo e quindi dal mondo minerale al mondo vegetale e poi al mondo animale, possiamo dire che gli alberi sono i nostri antenati e che noi siamo per evoluzione degli alberi pensanti che camminano. Andando a ritroso, possiamo affermare di essere figli dell'Universo che è formato da atomi, e quindi di essere figli dell'Energia e-Spirituale primordiale, se dovesse essere confermata la teoria del Big Bang.

Alcuni atei sostengono che il Big Bang sia la dimostrazione dell'inesistenza di Dio, laddove al contrario questa è la dimostrazione evidente che **prima** del Big Bang ci fosse un'Energia elettro-spirituale (o leggerissima) a coprire quello che viene chiamato "vuoto o nulla", il quale per definizione dovrebbe essere inesistente e siccome il "nulla" è un controsenso della natura, presumiamo che Dio (inteso come energia elettro-spirituale) un senso l'abbia avuto.

*In questo vuoto "ante Big Bang" questa Energia Spirituale pura era in perfetta armonia (**i cristiani e i mistici ritengono che vi fosse all'interno anche una vita spirituale formata dagli Angeli e da Dio**), per un problema di percorso che potremmo definire come "corto circuito", provocò l'esplosione del Big Bang (**mentre religiosi e mistici ritengono che un Angelo chiamato Lucifero prese delle posizioni contro Dio, il quale lo rinchiuse nella materia: da qui nacque la sfida tra lo Spirito di Dio e la Materia di Lucifero e alla fine della nostra vita ci sarà il pass per il Paradiso, oppure il pass per le tenebre**).*

*****

Da questo **meccanismo energetico e/spirituale** deriva la perfezione della natura che agisce benevolmente in ogni ambiente.

Vi siete mai chiesti, per spiegare banalmente il concetto, perché solo nel deserto ci sono i cammelli?

Semplicemente **perché in milioni di anni, in Europa** (integrando quanto disse Darwin sulla selezione naturale della specie, secondo il quale sopravvivono solo quelli che si adattano meglio all'ambiente, senza spiegare però il meccanismo di come ciò potesse avvenire), **nessun essere umano o animale europeo ha mai desiderato avere una sacca di acqua di 100 litri fastidiosa da trasportare**, avendo l'acqua a portata di mano. Qualcuno potrà dedurre che i cammelli esistenti adesso in Europa, tra qualche migliaia di anni dovrebbero mutare? La risposta è si, a condizione che si lascino liberi e stabilmente vicino ad un lago.

Dopo mille anni vissuti liberi nel nuovo habitat, la borraccia interna dei cammelli si ridurrà sensibilmente a ogni generazione. Se i deserti del mondo dovessero sparire pian piano e al loro posto ci fosse una folta vegetazione con acqua, i cammelli di cui all'esempio citato, in qualche migliaia di anni di anni, si trasformerebbero in qualcosa di diverso, non avendo più bisogno di trasportare una borraccia enorme d'acqua.

Così agisce la c.d. Volontà di Dio, sempre benevolmente disponibile a soddisfare i bisogni evolutivi della natura.

L'adattamento (o volontà di Dio) degli esseri viventi all'ambiente avviene quindi nel modo più semplice: i bisogni e i desideri più intimi degli uomini, delle piante e degli animali, spinti dalla **necessità impellente della sopravvivenza, sprigionano onde elettro-spirituali sia nell'ambiente circostante sia al loro interno, ove insiste la potenza di D'io o se volete l'energia spirituale**, il quale si adopererà, in un lasso di tempo più o meno lungo, per soddisfare quell'esigenza: in questo consiste il c.d. mondo delle idee oppure la memoria dell'energia elettro-spirituale di ogni atomo (immutabile ed eterna che trasforma la materia se sollecitata) dove vengono depositate le vibrazioni elettro-spirituali emesse dai vostri desideri più impellenti, in ossequio alla legge dell'attrazione che abbiamo spiegato.

L'Energia e-Spirituale che agisce tramite le onde elettro-spirituali (Dio o Spirito Santo è uguale), è capace di modificare il DNA di ogni essere per adeguarlo all'ambiente con l'inserimento di un piccolo atomo molecolare al suo interno, assecondando così i suoi bisogni più intimi e necessari per la sopravvivenza, anche a sua insaputa. Osservate la natura, dove tutto sembra perfetto e in armonia: gli orsi polari diventano bianchi, quelli di montagna bruni; lo struzzo è ideali in quel posto, mentre la gallina in un altro, il mammut andava bene prima ora troviamo gli elefanti; in Egitto c'è il coccodrillo e in altro posto con diverse caratteristiche troviamo il caimano, ecc.

Cosicché non mi stupirei se un giorno dovessimo scoprire che i dinosauri non si sono estinti ma spinti dalla modifica delle condizioni atmosferiche (aumento dell'ossigeno, riduzione degli alberi e del cibo), si siano trasformati in mammiferi, compreso l'uomo. Il Tirannosauro, come sostengono i genetisti pare si sia trasformato in milioni di anni in una gallina, anche se lo vedrei meglio in un uomo gigante, sia per la postura degli arti che per la dominanza sugli altri dinosauri, non a caso chiamato anche T-Rex. Così come non è escluso che qualche dinosauro più piccolo si sia trasformato nel tempo in quell'ominide che poi si diversificò a seconda dell'habitat nell'uomo di Neanderthal che a sua volta si trasformò nell'homo sapiens (alcuni sostengono che siano due razze umane diverse), e dall'altra parte creando il mondo delle scimmie nelle varie diversità.

Comunque sia, questi argomenti appartengono alla nostra curiosità e non intaccano né possono sviarci da quello che siamo dentro, né tantomeno sminuire la forza del pensiero.

CAPITOLO 34

LA PREISTORIA

Senza voler invadere il campo dei professionisti del settore, né tantomeno aprire un dibattito, chiarita l'idea dell'evoluzione e del suo funzionamento, è necessaria una disamina obiettiva della preistoria partendo dall'inizio e dai dati sicuri in nostro possesso.

L'unico dato certo che abbiamo della preistoria è la c.d. "Pangea", ossia la formazione di un **unico continente** sulla Terra creatosi circa 250 /180 milioni di anni fa, comunemente chiamata "era Mesozoica", dove unanimemente si ritiene che vi fosse un bio-sistema di vita già assodato, compreso la maggior parte dei dinosauri vissuti 180/66 mil. di anni fa, certificato dal ritrovamenti di resti fossili in tutti i continenti.

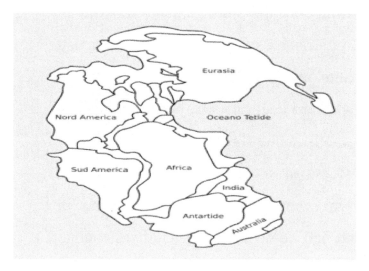

Continente unico: PANGEA

Un altro dato certo dell'antichità è la c.d. "deriva dei continenti", ossia lo spaccamento del mega-continente "Pangea" e la formazione dei continenti così come li conosciamo oggi, a causa della lenta spinta delle placche tettoniche, avvenuta nell'arco di **250/180** milioni di anni fa, che hanno dislocato nel tempo non solo i continenti, ma anche gli animali esistenti nella "Pangea". Pertanto gli animali che vivevano prima in un unico continente si sono ritrovati lentamente divisi nei 7 continenti oggi esistenti come nel seguente disegno:

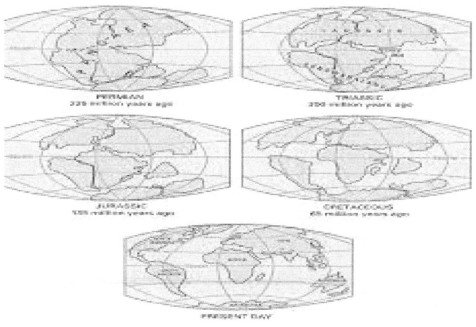

Deriva dei continenti.

Se questo è il punto di origine da cui partiamo, altrettanto possiamo essere certi che la realtà che vediamo oggi è il punto di arrivo.

Non v'è dubbio che sono stati rinvenuti resti fossili di Mammut nel nord America, Europa, Africa ed Asia, pertanto possiamo dedurne che un tempo i Mammut vivessero uniti nel mega-continente della "Pangea" circa 250/180 mil. di anni fa (probabilmente con caratteristiche diverse e simili a qualche dinosauro) a meno che si pensi che anche i Mammut abbiano attraversato gli oceani. Ne possiamo dedurre che i resti fossili datati 4,8 milioni di anni fa, ci dicono quantomeno che 4,8 mil. a.f., c'erano ancora i mammut sulla Terra.

Riguardo i coccodrilli che vivono oggi in Africa, America, Australia e Asia (Caimani, Alligatori, coccodrilli ecc.), gli scienziati ritengono che siano sopravvissuti all'estinzione dei dinosauri e che quindi abitassero un tempo anche nel mega-continente della Pangea, trovandosi successivamente dislocati nei vari continenti a seguito della citata "deriva". Questo dato ci lascia il dubbio sul perché l'estinzione di massa dei dinosauri avvenuta per meteorite o altra causa, non abbiamo colpito anche i coccodrilli, rendendo plausibile ritenere che non vi fu nessuna catacombe mondiale di rilievo.

Stesso discorso per le formiche che si trovano in tutti i continenti: nessun metterebbe in dubbio che questi animaletti vivessero anche al tempo della Pangea con dimensioni da topo (250/180 mil. fa), così come una miriade di altri animali oggi esistenti, ovviamente adattandosi all'ambiente e rimpicciolendosi notevolmente nel tempo per la carenza di cibo; a meno che si pensi che anche le formiche abbiano attraversato l'oceano per ripopolare i continenti ipotesi smentita da Colombo che trovò le tribù d'America che facevano pranzetti a base di formiche: tavolate che persistono ancora oggi tra gli indios dell'Amazzonia.

Tutto fila liscio fino a quando non arriviamo all'uomo, dove subentra un blocco mentale diffuso, per cui sembra impossibile che l'uomo potesse vivere al tempo della Pangea Mesozoica (a meno che mettiamo in discussione l'esistenza stessa del super-continente).

Ovviamente intendiamo dire che esistessero in quel tempo, **varie razze di animali aventi "postura eretta" e con il c.d "pollice opponibile"**, i quali subirono come tutti gl'altri animali, la lenta "deriva dei continenti" per ritrovarsi separati in continenti diversi.

Questa naturale e logica deduzione è scartata a priori senza motivo dagli addetti ai lavori: probabilmente perché troppo semplice per essere vera.

A rigor di logica questo dovrebbe essere il "quadro" della preistoria di partenza, salvo completare il puzzle preistorico, man mano che si trovano referti fossili:

Al contrario le scienze del settore (paleontologia, biologia ecc.) iniziano il "quadro" preistorico partendo dai "puzzle" fossili ritrovati, escludendo tutto il resto, compresa la logica evolutiva, per la mancanza di prove .

Altro discorso riguarda la scrittura, per cui ritrovare dei frammenti di un libro antichissimo di 20.000 anni, ci induce per logica ad affermare che almeno in quel tempo era già conosciuta la scrittura, non avendo fonti precedenti.

Pertanto se troviamo un fossile di ominide in Etiopia non possiamo affermare che questo ominide sia stato il primo antenato dell'uomo, ma correttamente si può affermare che in quel tempo ed in quel posto vi era un ominide. La logica evolutiva non po' essere sottoposta ai ritrovamenti fossili, laddove i ritrovamenti dovrebbero completare il puzzle di una "piano evolutivo logico-razionale già predisposto".

Il fatto che siamo imparentati geneticamente con le scimmie potrebbe dimostrare che all'origine abbiamo avuto un antenato comune, di cui al momento non vi sono tracce (c.d. anello mancante); ma potrebbe anche significare che le scimmie siano derivate dagli ominidi, i quali si sono evoluti a loro volta in piccoli tarzaniti adattandosi alla vita sugli alberi.

In altri termini: non è la scimmia che è scesa dall'albero e si è messa a camminare diventando ominide, ma è l'ominide che è salito sull'albero imparando a svolazzarvi. La logica ci suggerisce che la vita si è sviluppata prima a terra per poi conquistare i cieli e gli alberi.

Quindi la ricerca dell'antenato comune tra l'uomo e le scimmie (anello mancante), ad oggi ancora non trovato, presumiamo non sarà ritrovato per il semplice fatto che forse non esiste, ovviamente ce l'auguriamo perché siamo per la ricerca della verità, ma fino a prova contraria, rimane la logica evolutiva predetta.

Immagino lo stupore dei genitori quando il figlio al ritorno dalla scuola elementare dice: "Papà lo sai che noi discendiamo dalle scimmie?", mentre qualche anno prima gli avevano insegnato che Dio creò l'uomo soffiando sul fango: insomma già a 6 anni il ragazzo intuisce che c'è qualcuno che mente o che mentono tutt'è due. Queste non sono verità assolute e certe e non possiamo insegnarla ai figli con nonchalance senza cognizione di causa.

La preistoria si deve costruire seguendo un filo logico con la situazione ideale-reale. Se adesso c'è l'uomo, vuol dire che esisteva dai tempi remoti, questo è il filo logico e solo dopo si aggiungono i vari puzzle. Pertanto, i fossili ritrovati di ominidi di circa 6/7 milioni di anni fa, confermano solo che l'uomo 6/7 milioni di a.f. ancora non era homo sapiens, senz'aggiungere altro, senza fa derivare l'origine della specie umana da quel fossile, perché non è una verità assoluta: essi sono un pezzo della preistoria, ma non la preistoria.

La storia si costruisce prima con un ragionamento sulla logica evolutiva e man mano si completa con le fonti scritte, con i referti fossili, con le costruzioni rinvenute, senza disdegnarne nessuna a priori, fino a quando non arriva un'altra prova che completa il quadro. Se non si rinviene niente deve rimanere il ragionamento logico-evolutivo, comparato anche con l'aiuto della biologia.

Non possiamo escludere nessuna fonte del passato e non dobbiamo prendere a pretesto solo fonti "fossili" per screditare quelle scritte, laddove bisogna coordinarle per quanto possibile, ma negata e ostica per i paleontologi e storici.

Per capirci: se troviamo una fonte scritta dove dice che a Rodi fu costruito un colosso di rame più alto della "Statua della Libertà" di New York, vuol dire che qualcosa si costruì anche se non si trova niente sul posto, potendo dubitare sulle dimensioni della stessa. Se troviamo scritto che qualche pazzo Re dell'antichità si era messo in testa di costruire una torre a Babele per sentirsi superiore a Dio, vuol dire che qualcuno costruì quella Torre anche se non si riesce a trovarla: altra cosa è dubitare che gli schiavi all'improvviso parlassero lingue diverse. Se troviamo scritto che Sodoma e Gomorra fu distrutta per qualche ragione (probabilmente per una contesa territoriale tra l'Elohim Jahvè e l'Elohim governatore dell'Eufrate), vuol dire che da qualche parte vi saranno i resti, anche se non li troviamo. Se un testo antico anche se poetico ci dice che vi fu una guerra tra i Greci e i Troiani, vuol dire che da qualche parte **dovevano esserci** le rovine di Troia e quel Schliemann che partì alla sua ricerca per fare degli scavi ad Istanbul, vendendo la sua farmacia e lasciando in Germania i suoi due figli Menelao e Agamennone che già ci dice tutto sul soggetto, fu ritenuto un pazzo visionario. Addirittura non contento andò a Creta dove scoprì anche il palazzo di Minosse, tra lo stupore di quelli che l'avevano denigrato. Morì a Napoli alla ricerca di chissà che cosa (Indro Montanelli). Vi erano centinaia di scritti dei Romani che facevano riferimento a Pompei, ma nessuno andò a scavare intenzionalmente sul posto e solo per fortuna apparì dal fango la cima di un tetto.

Una mente aperta è la prima cosa che bisogna conquistare per iniziare a capire voi stessi e il mondo che vi circonda, paleontologi compresi. Gli antichi scrittori non avevano certamente le nostre conoscenza, ma non erano neanche i cretini dell'epoca che passavano il tempo a scrivere banalità, sapendo che le pelli, i papiri e le penne non si compravano in cartolibreria.

La teoria che l'uomo di Neanderthal o l'Homo sapiens o addirittura l'ominide che senza bussola, abbia negli ultimi 5/7 milioni di anni, ripopolato i 7 continenti con uno **spirito esplorativo** da far invidia anche agli antichi Romani che pur muniti di conoscenze astronomiche, mezzi avanzati e risorse impensabili, non riuscirono mai nell'impresa di oltrepassare l'oceano, **è mitologia paleontologica** (la prova è nel fatto che se i Romani l'avessero fatto, Colombo avrebbe trovato una civiltà con costumi diversi in America).

Se troviamo lo scheletrino di "Lucy", ossia un ominide vissuto 3-4 milioni di anni fa nell'attuale Etiopia, non possiamo affermare che questi fu l'antenato dell'umanità che con spirito esplorativo ripopolò l'intera Terra, attraversando nel tempo gli oceani ed altro. La paleontologia ha creato la **mitologia dell'homo erectus** senza accorgersene, convincendo anche le menti più illuminate ed umanistiche come i Pierangela, i quali giustamente si attengono anche alle cretinate della scienza ufficiale.

D'altro canto non ci risulta che neanche 2000/1000 anni fa, gli aborigeni australiani, nel cui DNA hanno trovato tracce dell'uomo di Neanderthal (così come nel nostro), abbiano mai lasciato l'Australia per avventurarsi alla ricerca di altri continenti. Gli stessi cinesi ignoravano l'esistenza dell'Australia fino a qualche secolo fa. Così non ci risulta che qualche indiano o indios delle

Americhe si sia mai avventurato a esplorare l'Europa o l'Africa con una zattera, pur essendo enormemente più avanzato dell'homo sapiens di 40.000 anni fa, assimilabile ad un selvaggio pseudo-animale.

Nondimeno è impensabile che l'homo sapiens "europeo", senza bussola e senza attrezzature abbia attraversato circa 1 milione di anni fa l'oceano, peraltro all'epoca pieno di animali voraci (oppure il mar di Bering o il passaggio del Nord-Ovest per il Nord America); atteso che a malapena ci riuscì Colombo con tre Caravelle e munito di attrezzatura e conoscenze astronomiche per approdare nell'America (1492 d.c.); nonché James Cook nel 1770 per arrivare in Australia (anche se molti navigatori vi erano già arrivati prima, senza capire che si trattasse di un nuovo continente); per non parlare delle varie spedizioni fino ai primi del 1900 nell'Artide e nell'Antartide dove trovarono la morte fior di capitani, ingegneri e scienziati equipaggiati con navi antighiaccio alla ricerca del passaggio.

Se lasciassimo da soli 1000 aborigeni "puri" nell'Australia che non hanno mai avuto contatto con gli occidentali, dovremmo presumere che questi in ½ milione di anni ripopolerebbero tutta la Terra? Così lasciando 1000 indios dell'Amazzonia, o 1000 indiani americani, gli scienziati scommetterebbero che questi in ½ milione di anni ripopolerebbero il pianeta? Qualche dubbio l'avrei.

Se è difficile pensare questa impresa oggi, pensate quale difficoltà avrebbero incontrato i nostri antenati "Homo erectus o sapiens" sapendo il mare infestato da piovre da 20 mt, serpenti in grado di affondare un'antica nave greco-romana, pesci voraci di 10 metri che al confronti i pescecani odierni sono delle sardine. Quale neandearliano o homo sapiens, paragonabile sempre ad un selvaggio semi-animale poteva avventurarsi nell'ignoto con una zatterina, ammesso che sapesse nuotare?

Gli studiosi ritengono che fu possibile perché tra i continenti, circa 1 milione di anni fa, c'erano dei collegamenti emersi di terra: ovviamente non mettiamo l'ipotesi in discussione, ma ci sembra una giustificazione forzata, una **prosopopea mitologica della paleontologia**, troppo facile da inventare senza prove e meno logica di quella prospettata prima e comunque in contrasto con **la teoria della deriva dei continenti** che già 180 mil. di anni fa, erano posizionati come li vediamo oggi nel mappamondo.

La logica deduzione al discorso, pur con tutti i dubbi del caso stante la mancanza di referti fossili (tuttavia più convincente di quelle odierna), è che **animali con postura erette e pollice opponibile** esistevano già ai tempi della **Pangea** ed a seguito della deriva dei continenti si sono distaccati nei vari continenti che conosciamo, mutando le loro caratteristiche del loro corpo nel corso di milioni di anni adattandosi all'ambiente in cui si ritrovarono, seguendo ognuno un diverso sviluppo di "civiltà arcaica e primitiva". Quindi affermare che gli ominidi dall'Etiopia abbiano popolato tutta la Terra è, al momento, un non-senso logico possibile e fattibile, più fuorviante di un racconto mitologico greco o biblico. Sono partiti per contestare il racconto biblico di Adamo ed Eva, ma non si sono accorti che hanno creato una mitologia più fantasiosa.

Pertanto il c.d. anello mancante non esiste, essendo possibile che dagli ominidi siano derivate le scimmie per adattamento all'ambiente in cui si trovarono, modificando il loro DNA e non il contrario.

La logica evolutiva non può essere invertita, per cui si presume che gli esseri siano nati a terra e poi hanno popolato gli alberi arrampicandosi per sfuggire ai predatori e abituandosi a mangiare bacche e foglie fino a diventare scimmie, mentre quelli che hanno trovato un altro habitat si siano rifugiati in grotte e si siano evoluti nell'uomo di Neanderthal e poi nell'homo sapiens.

evoluzione secondo Darwin & c.

In ogni caso, tutto è confutabile trattandosi di 250/180 milioni di anni fa e non abbiamo i video dell'epoca, ma abbiamo la logica e non possiamo comunque escludere che le trasformazioni fino all'uomo di Neanderthal si siano potute comunque completate al tempo del tardo giurassico.

Un altro aspetto che accettiamo senza ostacoli è la diversità di grandezza nel mondo degli animali: tra i felini esiste il leone ed il gattino; esiste la gallina e lo struzzo; esiste il topolino di 3 cm e la "zoccola" di 40 cm; esisteva il dinosauro di 10 metri ed il cuginetto della stessa specie di un metro; esiste lo squalo di 7 metri ed un suo parente di mezzo metro; esiste il cane di 1,5 mt ed il cagnolino di 50 cm; ecc.

Quando invece parliamo dell'uomo escludiamo a priori la possibilità che questa regola di natura possa essersi verificata anche per le "razze erette con pollice opponibile" del giurassico o almeno del cretaceo o anche dopo. Il passato lo possiamo solo intuire con un ragionamento logico e integrarlo con i resti fossili che si trovano e le fonti scritte. La convinzione lacunosa che all'origine non potessero esistere diverse specie erette con pollice opponibile di diversa statura, è fuori da ogni logica, quasi contro natura.

La stessa Bibbia testimonia come fatto storico che l'uomo "un tempo" coabitava con dei "Dragoni" non essendo ancora stato coniato il termine dinosauro, ove si parla anche degli "Elohim" che è avallato anche dai racconti dell'antica Grecia, ove si raccontano (Mito = racconto) di giganti o titani (Odissea, Prometeo ecc.), i quali erano intellettualmente più avanzati dell'homo erectus e che si erano divisi i vari territori della Terra (v. Genesi: 6 e ss.; Odissea, Prometeo ecc.) per poi estinguersi forse per una lenta riproduzione.

Anche se in difetto di prove, vogliamo azzardare delle ipotesi logiche, quantomeno più coerenti rispetto a quelle che fanno studiare ai nostri studenti, salvo aggiornamenti man mano che si trovano altre prove.

Se i dinosauri non si sono estinti per una meteora, ipotesi che abbiamo escluso per il fatto dei coccodrilli, possiamo ipotizzare due scenari:

1) O nel corso dell'evoluzione i dinosauri si sono trasformati in tutti gli animali oggi esistenti con passaggi intermedi, tra cui mammiferi, uccelli pesci e qualcuno di loro anche nelle varie razze erette con pollice opponibile;

2) Oppure, che le razze con "postura eretta" e "pollice opponibile" aventi diverse stature, coabitassero al tempo della Pangea insieme ai dinosauri, che li vedeva in conflitto tra loro per la sopravvivenza, motivo che portò alla "prima guerra mondiale preistorica" durata circa 120 milioni di anni, tra i dinosauri e la razza primordiale dei Gigantopitechi originariamente carnivora (trasformatosi in ultimo in giganti chiamati Elohim o Titani), che fu vinta da questa razza gigante (eretta e con pollice opponibile), perchè avevano il vantaggio di lavorare in gruppo, per cui si papparono tutti i dinosauri fino alla loro estinzione avvenuta circa 66 milioni di anni fa; periodo in cui gli ominidi facevano da spettatori ed aspettavano che quegli enormi Titani avessero finito, per andare anche loro a rifocillarsi. Presumiamo che circa 180 mil. a.f. questi colossi dovessero essere alti

almeno 8/10 metri, visto che i resti fossili dei gigantopitechi trovati in Cina risalenti a 10 mil. di anni fa arrivano fino a 3,7 mt.

Finita la cuccagna e scomparsi i dinosauri, questi giganti eretti o semi-eretti, divenuti più intelligenti, spinti dalla carenza di cibo si concentrarono sui cugini più piccoli (ominidi e poi uomo di Neanderthal) con i quali prima vi era stata una collaborazione tacita (un po' come fanno i leoni con le iene che dopo essersi aggiobbati per bene lasciano i resti alle sorelle iene), dandogli la caccia e sottomettendoli per almeno altri 60 milioni di anni.

Tracce non ve ne sono, ma l'ultimo periodo del loro dominio è stato certificato nella Bibbia e nei racconti dell'anticha Grecia. Sul punto è improbabile che i relatori biblici abbiano potuto inventarsi la storia dei giganti chiamati Elohim, se non fosse stato un racconto tramandato da generazioni in generazioni. Così è improbabile che la storia di Prometeo non avesse un fondamento storico di racconti pervenuti dall'antichità, che spiegano in un alone fantasioso, che questi Titani furono quelli che riuscirono ad addomesticare il fuoco e ad averne l'egemonia, fino a quando il titano Prometeo non ebbe compassione degli homo semi-sapiens e svelò loro il segreto, a rischio della sua vita perché il capo dei titani "Zeus", l'aveva proibito in quanto temeva che quella moltitudine di "piccolini" potessero un giorno avere il sopravvento su di loro che erano ormai ridotti ad un numero esiguo per un motivo a noi sconosciuto (probabilmente un problema di riproduzione lenta).

Così come al nipote di Zeus, si racconta, venne dato il dominio che si estendeva dall'isola chiamata Atlantide al largo dello stretto di Gibilterra (colonne d'Ercole), poi sprofondata non si sa dove, fino all'attuale Egitto, i cui "particolari erano incisi su colonne che si conservano ancora" (Proclo: commento al Timeo di Platone Libro I, 76, 1-15); probabilmente nella stessa città dove furono trovate le stele che permisero di decifrare i geroglifici egiziani, grazie a una traduzione del testo egizio anche in greco antico. Esattamente come descritti dai profeti egiziani, i quali a loro volta, li avevano narrati a Platone.

Una forte spinta all'estinzione di masse dei giganti se la diedero gli stessi Titani o Nefilim (o Elhoim) delle varie zone, entrando in competizione tra loro per la spartizione del territorio e per accaparrarsi i Neanderliani (ed in seguito gli homo sapiens), tanto che la "**seconda guerra mondiale preistorica**" viene ricordata in molti libri antichi come la "Guerra dei Titani" tramandata da generazioni in generazioni, fino a quando qualche erudito greco e norreno non la contornò di abbellimenti che a noi moderni sembrano "fantastici", come successe agli scrittori della Bibbia e del nord Europa.

Ridotti al lumicino, questi giganti pesudo-umani dall'aspetto orripilante come descritto nella Bibbia, dopo la spartizione dei vari territori, negli ultimi milioni di anni trovarono un "compromesso civile" con la moltitudine dei cugini "piccolini", i quali barattarono la perenne persecuzione e la paura, con la loro sottomissione ed il "sacrificio" umano dei loro paesani dapprima ai gigantolipetechi e poi ai Nefilim o Titani, i quali quotidianamente trovavano il pasto legato ad un palo per portarselo tranquillamente nelle loro grotte o case megalitiche poste sui "Monti" (nell'ultimo periodo dai 100.000 ai 10.000 anni fa), dimostrando di avere conoscenze più evolute di astronomia, matematica e forse anche di meccanica per come si legge nella Bibbia, se interpretata letteralmente.

Nella Bibbia troviamo altresì che alla fine questi Elohim, per tenersi a disposizione e buoni gli homo sapiens per lavoretti, venivano chiusi in recinti come noi oggi facciamo con le pecorelle, le quali sono gratificate del trattamento privilegiato che le riserviamo e se le pecore di oggi si evolvessero e potessero un giorno scrivere, direbbero che prima vivevano nel "Giardino dell'Eden", dove mangiavano e bevevano e si riproducevano e il Dio-Pastore si prendeva cura di loro: una pacchia direbbero se non un paradiso terrestre.

Questi sacrifici umani continuarono anche dopo l'estinzione dei Giganti quasi come un rito, specialmente quando si verificavano catastrofi o malattie o prima di iniziare una guerra tra gli umanoidi, per placare l'ira dello Spirito dei Giganti divenuti ormai Dei; fino a quando non sopraggiunse il sacrificio "una tantum" di Gesù valevole per tutti (Mentre nelle Americhe e nell'Australia queste pratiche "sacrificali" erano ancora esistenti nei popoli degli Aztechi e dei Maya).

Se guardiamo le costruzioni dell'ultimo periodo di 20.000/8.000 anni fa, è impensabile che queste mega-costruzioni in blocchi di pietra di tonnellate, sparse in tutto il mondo, a volte persino in cima alle montagne, siano state costruite dall' homo sapiens, senza un intento pratico, i quali erano sì selvaggi e semi-animali, ma non cretini da spaccarsi le ossa per trasportare blocchi di tonnellate per il gusto di fare qualcosa di grande, laddove a malapena riuscivano forse a farsi una capanna. Per non dire che l'homo sapiens sapiens antico, non amava la comodità e l'utilità pratica, costruendo gradini di un metro e non di 15 cm come sarebbe naturale in proporzione alla loro altezza media di 1,5 mt.

Neanche il popolo Romano che pur ne aveva bisogno per proteggersi dagli attacchi dei barbari, ebbe il coraggio di intraprendere una simile idiozia e non perché i loro Dei fossero meno esigenti, bensì perché non sapevano farlo pur avendo fior di schiavi. La storia ci insegna che ogni metodo di costruzione utile viene trasmessa alle generazioni future, ma stranamente solo le costruzioni megalitiche rimasero un mistero nonostante la necessità: come mai? O erano scemi gli homo sapiens di prima che costruivano cose inservibili o erano scemi i popoli successivi (antichi romani, egiziani, drudi, anglicani, ecc.) che non costruivano case megalitiche utili dagli attacchi dei barbari.

Le costruzioni megalitiche in Italia sono rovine molto antiche, straordinariamente uniche nel loro genere, realizzate con una tecnica simile a quella utilizzata dalle popolazioni Inca e Pre-Inca del Perù ed in tutto il mondo a volte con blocchi enormi di pietre lunghe 22x5 mt, sagomate per essere incastrate perfettamente senza malta che hanno resistito a secoli di abbandono e al successivo saccheggio per fini costruttivi da parte degli Etruschi e dei Romani. Purtroppo, sono pochi gli studiosi italiani che s'interessano a questo meraviglioso patrimonio culturale e antropologico, tanto che sono in pochi anche a conoscerne l'esistenza: eppure la storia inizia da lì e non dal scheletrino di ominide d'Etiopia. «*L'Italia è ricca di mura megalitiche*», spiega Giulio Magli, docente di archeo-astronomia al Politecnico di Milano. «*Si tratta di capire perché si costruivano queste mura con questi blocchi enormi utilizzati come fossero semplici mattoni*». Come spiega il ricercatore italiano, si tratta di monumenti 'muti', nel senso che chi li ha costruiti o non aveva ancora la scrittura o non ha scritto di loro (Wikipedia); probabilmente ciò è dovuto o ad un fattore fisico delle mani o perché non ne avevano bisogno perché probabilmente comunicavano anche telepaticamente come molti animali odierni. Qualche esoterico ritiene che questi colossi venivano costruiti sollevando i macigni con la forza del pensiero; altri che furono civiltà venute dalla spazio.

Riassumendo: esistono prove **testimoniali scritte** (vedi Bibbia, Odissea, scritti Egiziani, Assiro-Babolonesi, Aztechi ecc); abbiamo **prove visibili nelle costruzioni megalitiche** sparse in tutto il mondo; esistono prove scritte di una civiltà scomparsa di alta statura; esistono prove di **enormi scheletri** che puntualmente vengono distrutti e non inseriti nei musei; esistono **fotografie** di ritrovamenti di scheletri altissimi (escludendo i falsi di internet); esistono **articoli di giornali** del XIX sec. di ritrovamenti di scheletri giganti in America; vi sono racconti dell'antico Egizio, della Grecia, degli indiani d'America e degli Aborigeni australiani che si trasmettono da generazione in generazione che trattano l'argomento e di una guerra tra titani; **e nonostante tutto questo materiale molti sono ancorati a fantasticare sull'origine umana da uno scheletro di ominide "esploratore" trovato qua o là?**

Tanta chiusura mentale sembra assumere i contorni di un complotto "mitologico", che finché resta arginato nelle discussioni di salotto tra loro non fanno danno, il problema è che viene inculcato fin dalla seconda elementare agli studenti, i quali crescono con una chiusura mentale sull'argomento, col beneplacito del Ministero. Soltanto dopo la maturità del classico/scientifico e qualcuno riesce a mettere i cocci al loro posto, rimanendo però sempre nel dubbio.

Certamente è assolutamente improbabile che questi esseri giganteschi siano venuti dallo spazio, per il semplice motivo che se avessero avuto una tecnologia avanzata per attraversare lo "Spazio", non avrebbero avuto bisogno di rompersi la schiena per costruire muri megalitici per difendersi, a meno che, come sostiene qualcuno, avessero dei poteri per far sollevare le pietre con la forza del pensiero. Possiamo forzare la mano è pensare che questi Elohim o Titani abbiano potuto progredire nella conoscenza e che erano dotati di poteri extrasensoriali, così come un cane può udire gli ultrasuoni o un gatto vedere di notte; o gli uccelli percepire un terremoto prima degli altri; oppure avere un olfatto sviluppato come i lupi; o avere una comunicazione extrasensoriale tra loro (che giustificherebbe perché non hanno scritto nulla), insomma un sesto senso sviluppato.

Agli occhi delle "pecorelle umane" chiuse nei recinti" quei Titani temerari erano degli Dei per il solo fatto di essere enormi, forti ed intelligenti, tanto da avere inventato la formula del c.d. "Fuoco di Zeus", ovvero un fuoco micidiale inestinguibile (non svelata ai sottomessi), che ancora oggi non si riesce a duplicarlo così come gli antichi romani non scoprirono la formula. D'altra parte oggi il termine mitologia ha assunto i contorni di fantasioso, mentre per i greci significava semplicemente racconto.

Ovviamente quando non si capisce qualcosa dell'antichità, è meglio relegarla nella mitologia. Leggete l'Antico Testamento e troverete una guerra tra Elohim per il dominio territoriale.

Riprendendo la preistoria, questi cugini piccolini (L'uomo di Neandertal che mutò in l'Homo Sapiens), tra un pasto sacrificale e l'altro si sviluppavano anche intellettualmente ed avevano appreso dai Giganti l'utilizzo del fuoco e sul come eseguire lavoretti in pietra per costruirsi lame e lance con cui cacciare e difendersi (Età della pietra). Molti preferivano partire in terre senza Giganti per evitare di essere mangiati e questa fu la vera spinta per la prima migrazione di massa.

I giganti Nefilim o Titani, erano considerati immortali soltanto per il fatto che erano longevissimi e potevano vivere oltre 300 anni e quindi gli Homo semi-sapiens, col proprio limitato senno, credettero di esser stati creati dal fango da loro; anche se è da presumere che furono i Giganti stessi ad inculcarglielo per meglio soggiogarli e farsi dichiarare Dei per essere meglio serviti. La fortuna degli Ebrei, fu che rimasero fedeli all'unico Gigante Elohim che chiamavano Jahvé che era il governatore di Canaan (Israele) ed era venerato come un Dio (il quale furbescamente concluse un'alleanza col popolo di Israele tra cui la prima regola era: <<non amerai altro Dio o Elohim all'infuori di me>> nel senso che non dovevano trovarsi un altro Elhoim a pena di distruzione, così come successe alla città di Sodoma e Gomorra, le quali complottavano per il cambio di guardia con il Nefilim governatore del territorio limitrofo dell'Eufrate, che vennero spazzati via con il "fuoco inestinguibile" o con "armi non meglio identificate" provocando effetti dilaganti non preventivati neanche dagli stessi Elohim (Genesi). Gli intrallazzi politici esistevano anche a quei tempi.

Al contrario degli Ebrei, le altre popolazioni della Terra avevano al comando altri Elohim (o Nefililim) meno autoritari dell'Elohim Jahvè, mentre in Grecia l'Elohim Zeus faceva comandare anche i suoi figli e nipoti (es. Atlante), in Etruria conosciamo solo l'Elohim Tinia, ma nella Roma arcaica prima della monarchia veneravano il loro Elohim Giove ed i suoi figli (poi accomodati alla corte di Zeus per dipendenza culturale), ed in Egitto arcaico avevano Horus insieme alla discendenza; i Maya e gli Aztechi ne avevano a bizzeffe.

Un particolare che li accomuna è che questi abitavano sui monti, e forse è il motivo per cui vi è scritto nella Bibbia che scendevano dall'alto, per cui Zeus e figli stavano sul Monte Olimpo in Grecia; Jahvè ed i suoi Malakim (messaggeri o ambasciatori) vivevano sul monte Sinai; I Nefilim egiziani venivano chiamati Faraoni per la loro "Grande Casa" la cui locazione è sconosciuta (Probabilmente all'inizio su un mega palazzo posto su un alto cubo all'interno delle Piramidi che poi rivestirono dopo con pietre creando le Piramidi odierne), ed il nome Faraone rimase anche dopo la loro scomparsa per indicare il Re d'Egitto; di Giove non conosciamo il nome del monte ma presumiamo che il Palatino centri qualcosa. Nei paesi scandinavi si sa solo che il semi-Dio Thor uccise il gigante-Nefilim cattivo che tartassava la popolazione.

Tra le tante soluzioni sulla costruzione delle piramidi in Egitto che è una costruzione megalitica, quella di un possibile intervento di questi giganti-uomini o Nefilim non è tenuto neanche in considerazione, pur essendo nelle effigi e nei libri mistici egiziani un fattore da tenere presente a rigor di logica, ma quest'aspetto lo lasciamo agli addetti ai lavori.

Col tempo i Giganti Nefilim (o Elohim), ormai pochi e ridimensionati anche nelle dimensioni, che vivevano sui monti più alti e probabilmente quelle scimmiette umane di homo semi-sapiens, pensavano che scendessero dal cielo, commisero anche lo sbaglio fatale di prendersi le donne degli uomini per i loro piaceri (**come raccontano le storie degli Dei greci che si accoppiavano con le donne-umane dando luce a semi-dei, o come si legge nella Bibbia che dalla loro unione nascevano gli "eroi" del passato: vedi Genesi 6**). Questa fu la molla della ribellione degli umani contro quei "padroni": guerra durata da 50.000 fino a circa 8.000 anni fa (**terza guerra mondiale preistorica**).

Un altro tratto in comune tra i Nefilim, almeno nell'ultimo periodo, oltre ad essere intelligenti, era che avevano un codice d'onore, ossia una morale del bene e del male ed attuavano la giustizia tra gli homo sapiens che avevano addestrati a lavorare per loro. Un po' come potrebbe succedere in futuro all'umanità con i robot se fra 100 anni quest'ultimi fossero forniti di un'intelligenza artificiale autonoma creando una razza robotica pensante come fantasticamente si racconta, analogamente a quanto visto nel film "il Pianeta della Scimmie".

Mosè salendo sul monte Sinai concluse con il buon Jahvè, padrone della sua zona, un'alleanza concordando i "dieci comandanti" che scrisse su delle tavole di pietra che vennero conservate nell' "Arca dell'Alleanza" ch'era un grosso baule ricoperto d'oro con due angeli d'oro con le ali spiegate in avanti, e come ogni cimelo dell'antichità aveva poteri straordinari di distruzione per impedire che venisse trafugato.

Se fosse la stessa formula del "fuoco di Zeus" o un'arma chimica, non si sa. Comunque questi poteri non dovevano essere tanto straordinari, visto che il baule scomparve a seguito di saccheggi da parte dei Babilonesi o degli Egiziani, o rubato dal figlio del re d'Israele e portato in Etiopia ad Axsum, interessati più all'oro che ai poteri straordinari. Il film di Indiana Jones e l'Arca perduta, tratta proprio dell'argomento.

Da circa 20-8000 anni, i piccoli umanoidi sapiens-sapiens iniziarono nel frattempo a stabilizzarsi per la scarsità delle risorse e dedicarsi alla coltivazione creando le prime fioriture di civiltà moderna, con un bagaglio di conoscenze che avevano appreso dai Nefilim e che successivamente approfondirono scoprendo nozioni di astronomia e matematica avanzata. Il seguito di come la cosa si sia sviluppata viene studiata a scuola e ufficialmente inizia la storia dell'uomo allorquando questi iniziò a scrivere su papiri e pietre il loro pensiero.

Questa è grossomodo la preistoria delle origini dell'uomo che gli antichi hanno abbellito con un po' di fantasia, declassata a mitologia per il subentro dell'assolutismo culturale della Chiesa che tanti danni fece alla scienza calandoci nel medioevo, da cui siamo riemersi solo grazie al "Rinascimento" italiano che pose le basi per i futuri Stati laici, non senza lasciare vittime e vessazioni per strada (Giordano Bruno, Galileo, Bacone; e tra tanti satanisti chissà quante ragazze innocenti e avvenenti finirono sul rogo tacciate di stregoneria soltanto perché non la davano a qualche prete bavoso che all'epoca erano più "politici" che sacerdoti). Di ciò la Chiesa fece ammenda e gli ultimi tre Papi chiesero scusa per gli errori del passato.

Così ancor più danni fece Darwin & C. che con la sua **giusta,** ma lacunosa teoria sull'evoluzione, allontanò tanti dalla fede, creando i presupposti per l'ascesa di Hitler che tra le tante razze umane si convinse che quella tedesca fosse quella prescelta, sulla spinta dell'arianesimo prospettato da qualche visionario.

Insomma, l'uomo dove lo metti-metti non riesce mai a superare la c.d. ottava per andare oltre, perché ci sarà sempre l'arrivista capoccione che rovinerà tutto.

Ogni tanto bisogna fermarsi per ripartire verso una nuova ottava per avere una società migliore, motivo per il quale un politico non può e non dovrebbe stare al comando di un governo oltre 10 anni, perché il rischio probabile è che faccia solo danni: regola che se l'avessero imposta agli imperatori romani, forse a quest'ora in tutto l'occidente si parlerebbe il latino e molti di loro non li avrebbero uccisi.

L'Italia da questo punto di vista è fortunata visto che cambia governo ogni anno lasciando poi una scia di politici delusi, che per 30 anni fanno un'opposizione controcorrente che produce più danni al paese che stare al governo.

CAPITOLO 35

IL CREAZIONISMO

Dio non è un **mago che con la bacchetta magica** fa animare un po' di fango all'improvviso, pur essendo vero che proveniamo dalla terra, o meglio dagli atomi della terra, i quali hanno una componente di energia elettro-spirituale propensa all' "evoluzione", perché Dio ha i suoi tempi logici-evolutivi.

Questa è la volontà benevole che attribuiamo a Dio e in questo senso possiamo dire di essere figli di Dio. Questa è la magia di Dio per cui siamo arrivati al punto in cui siamo: la volontà di Dio è stata una **creazione evoluzionistica e non inventiva**, come intesa da alcuni religiosi anche se in buona fede, i quali se non hanno in cuor loro alcun dubbio e se la loro fede dipende da questo, possono continuare a crederlo, ma in caso contrario non possono nascondere la testa come gli struzzi sottoterra, perché non sarebbe più una persona ma agirebbe come un animale che non si pone nessuna domanda.

Gli ossequiosi creazionisti "biblici" che si aggrappano a queste formalità letterarie non utile alla fede sostanziale, anzi del tutto inutile alla luce di quanto detto, dovrebbero spiegare come avrebbe fatto l'uomo a popolare le Americhe e l'Australia dopo il Diluvio di Noè, se neanche i Romani, popolo di esploratori con un arsenale di risorse e conoscenze, si spinsero oltre le colonne d'Ercole, pur arrivando alle foce del Nilo, al centro dell'Africa e in India. Che Dio può tutto, lo sappiamo, sono le modalità dell'operazione che fanno la differenza. Se un "pastore" fonda il suo credo su queste quisquilie letterali teologiche sappia che fa più danni che bene ai suoi fedeli.

Gli ossequianti rigidi della Bibbia, che comunque sono sempre meglio di quelli che si disinteressano del tutto, dovrebbero sostenere che Dio oltre a fare Adamo nell'Eurasia, abbia creato dal fango anche un Adamo indiano in America, un Adamo aborigeno in Australia ed un Adamo indios nell'Amazzonia ed un'altro Adamo cinese. Ma anche ammesso che alcuni discendenti di Adamo siano emigrati in ogni continente, come mai gli ebrei andati in America si sono dimenticati di Jahvé e di Noè e persino di Mosè, sostituendoli con Manitù o altre divinità? E gli aborigeni australiani non sanno neanche chi siano gli ebrei? Per non parlare della loro lingua lontana anni luce dall'antico ebraico. È inconcepibile che i religiosi si arrocchino su una tale assurdità mentale, mettendo in ridicolo e compromettendo la fede stessa dei fedeli, a cui viene chiesto il sacrificio di arretrare il pensiero scientifico a quattromila anni fa. Insomma gli atei sono stati creati dai religiosi stessi che non tiene il passo con la scienza: il problema è che non si rendono conto. La posizione delle religioni dovrebbero essere di adeguarsi alla scienza e reinterpretare la Bibbia sulla scorta delle nuove conoscenze in tempo reale e non dopo secoli, come successe per accettare che la Terra gira intorno al sole.

Qualsiasi libro anche se sia ispirato da Dio, non può mai essere per l'eternità senza reinterpretazione logica, perché Dio parla secondo la lingua e le conoscenze di quel popolo ed in quel contesto storico (Galileo), fino a quando Dio non rivelerà altre verità, tramite i religiosi e soprattutto tramite gli scienziati. Per capirci, Mosè descrisse la creazione della Terra e dell'uomo, nell'unico modo comprensibile e accettabile per quei tempi; se avesse scritto qualche che l'uomo discendeva dall'evoluzione degli atomi o dalle scimmie, l'avrebbero bruciato con il libro stesso.

Dio ha i suoi tempi di realizzazione e scambiarlo per un fattucchiere o un mago, non ci sembra il modo migliore di rappresentarlo.

La cosa certa sulla volontà di Dio è che essa è progressista e non regressista, per cui sicuramente da una situazione peggiore siamo passati ad una migliore nell'evoluzione, rappresentata solo simbolicamente da Adamo (quale primo uomo della stirpe ebraica, così come Romolo lo fu per la stirpe dei romani) che per volontà divina è stato dato il passaporto per passare dallo stato animale allo stato sapiente, anche se su questo, forse ci diedero una mano quei Elohim descritti nella Bibbia, i quali ci insegnarono ad accendere il fuoco ed a strofinare le pietre per creare delle armi taglienti da utilizzare nei campi e per cacciare; un po' come facciamo tutti quando cerchiamo di insegnare qualcosa ai nostri animali domestici.

Prima di Adamo la morte non esisteva per il semplice fatto che i primi homo sapiens, alla stregua di un selvaggio semi-animale, non aveva coscienza di se stesso, così come non l'hanno le pecorelle che teniamo nel recinto.

Altrettanto prima di Adamo le donne partorivano senza dolori e in modo naturale, così come gli animale sopportano il dolore meglio degli umani. Gli animali partoriscono anche 20 cuccioli, senza paura, tutti sani, senza ginecologo e senza lamentarsi nel post-partum, per cui anche le donne prima di Eva partorivano così.

Gli animali per istinto seguono le regole della natura e pur tentando di scappare, alla accettano il fato di essere cibo per altri animali predatori.

L'uomo solo simbolicamente dopo Adamo (tale nome in antico ebraico significa semplicemente "uomo"), prese coscienza delle proprie potenzialità per dominare il mondo, ha iniziato a porre delle regole civili di convivenza definendo il bene ed il male chiamata dagli antichi Ebrei "Alleanza". Ma questo processo di ribellione al Nefilim-padrone era stata avviata in ogni parte del mondo, solo che ne abbiamo piccolissime tracce, al contrario del popolo ebraico che tenne gelosamente conservate le scritture del passato antico.

L'uomo ha dominato il mondo grazie alla c.d. ribellione di Adamo e di tutti gli altri "eroi" che si sono ribellati ai padroni, non senso biblico ovviamente, i quali ingenuamente avevano insegnato agli Homo sapiens come diventare intelligenti.

Prendendo coscienza del bene e del male, abbiamo perso il naturale istinto animale, dell'inconsapevolezza e dell'accettazione passiva della natura, ed anche il c.d. sesto senso proprio degli animali. Quello che fece il primo uomo non fu una disobbedienza in senso lato, bensì un atteggiamento contro natura per il solo gusto di farlo, paragonabile alla pecorella nel recinto che con intelligenza va a mangiare i broccoli del campo che il Pastore le aveva vietato.

Ovviamente questo processo di civilizzazione è avvenuto **parzialmente** presso gli antichi indiani d'America, gli aborigeni e presso gli indios dell'Amazzonia, i quali hanno continuato a vivere secondo le leggi della natura rispettando solo il codice del buon senso, senza scritti, accettando come parte della natura la morte, il dolore e la volontà del "Grande Spirito".

Altra cosa è pensare che il popolo Ebraico sia il popolo eletto e che, come sentiamo ogni tanto in chiesa, siamo figli di Abramo, laddove questo era semplicemente uno dei tanti capo tribù del mondo antico sparsi in tutti i continenti (ma fedele all'Elohim Jahvè) il quale non si fece scrupoli a concedere la sua bellissima moglie al Faraone d'Egitto, facendosi passare per il fratello, al fine di essere accolto ed arricchirsi con i doni del Re, il quale, adirato per l'inganno, congedò Abramo dicendogli di ritornare nella sua terra che conquistò dopo varie scaramucce di battaglie.

Se Abramo o Davide avessero vinto le battaglie di Giulio Cesare, i "profeti Ebrei" (che come i profeti egiziani erano dei cantori), l'avrebbero innalzato fino al cielo con tutti i suoi cavalli, per un innato campanilismo proprio di quel popolo, come se l'entusiasmo della vittoria di una squadra di terza categoria potesse essere superiore alla vittoria del campionato di una squadra di seria A.

 Se non fosse stato per il grande sacrificio del Maestro Gesù che regalò all'umanità dettagliatamente le basi della fede, per cui possiamo a ragione incoronarlo "Re della Fede" e definirci in senso lato figli del Cristo; Abramo oggi sarebbe uno sconosciuto o semmai ricordato come il primo cornuto volontario della storia ed anche incestuoso, visto che sua moglie Sara, era sua sorella carnale.

Certo l'unico merito non indifferente di Abramo è stato quello di rimanere fedele al suo Nefilim chiamato Jhavè, che era governatore nella zona di Israele, introducendo di fatto il monoteismo assoluto (Anche se era nella fattispecie il despota assoluto); tale concetto aleggiava anche nell'antico Egitto, i quali non ebbero mai il coraggio di abbandonare la corte del Nefilim Horus che governava quella terra prima dei nuovi Faraoni a noi conosciuti.

Altrettanto fecero gli antichi greci arroccati alla corte di Zeus con i vari dei. In altri termini, se il Maestro fosse nato a Roma, noi adoreremmo ugualmente Dio e il Vangelo, e probabilmente avremmo avuto meno problemi teologici.

Spero che abbiate capito l'intento degli ultimi due capitoli, non è quello di riscrivere la preistoria o altro, ma è quello di aprirvi gli occhi e di invitarvi ad acquisire un pensiero critico autonomo senza tabù religiosi o

teorie scientifiche non sicure; conseguentemente le sacre scritture rimangono verità fino a quando non vengono integrate con nuove verità scientifiche. Quello che non sappiamo lo dobbiamo solo intuire con la logica e con il cuore e finchè non arriveranno nuove scoperte, questa sarà la verità: le quisquilie letterali sui testi non aumentano la vostra fede, ma al contrario la confondono col rischio di rinnegare tutto l'apparato.

Se consideriamo la fede o la metafisica come una scienza allora dobbiamo considerare la scienza fisica, biologica, ecc come una branca della scienza della metafisica, perché tutto è un condensato e derivato dall'Energia Spirituale, per cui mantenere la mente aperta alle nuove scoperte e integratele sempre.

Ho sentito qualche fisico dire che se sparissero tutte le vite odierne, tra un milione di anni una nuova specie intelligente scoprirebbe l'equazione di Einstein e non ci sarebbero tutte le credenze odierne. Al contrario noi sosteniamo che se ciò succedesse, l'energia elettro spirituale, dai religiosi chiamata Dio, invierebbe altri illuminati o santi con nomi diversi, ma recanti lo stesso messaggio del Maestro, diversificata in ogni parte del pianeta ed in ogni cultura; così come sicuramente nell'ipotesi di una vita intelligente su altri pianeti, sicuramente l'Energia Spirituale di Dio, evolutiva per se stessa, manderà su quel pianeta un altro Cristo (Cristo = mandato o delegato) a divulgare la stessa "Volontà di Dio".

CAPITOLO 36

GLI EXTRATERRESTI

Siccome non vogliamo scontentare nessuno e non temiamo di entrare in contraddizione con la nuova visione filosofica teo-umanistica che essendo universale, è valevole in ogni tempo ed in ogni spazio, compreso altri pianeti; va ricordato che nel mondo vi sono milioni di persone che credono negli extraterrestri, tra cui molte di questi sono convinti che le origini della vita umana, sia stata inserita nel mondo attuale a seguito dell'intervento genetico sugli ominidi da parte di esseri venuto dallo spazio (tutto il resto è terrestre).

Certo abbiamo la mente aperta ma nello specifico dobbiamo proprio spalancarla, ma essendo una teoria, potrebbe anche avere un fondamento, anche perché mi sono ricordato di una cosa che avevo rimosso.

Circa 13 anni fa mandai al CNR, non ricordo se una e-mail o altro, una mia elucubrazione teorica per chiedere di verificarla. Solo che invece di descrivere la teoria con semplici parole, per essere credibile misi dei calcoli alla buona sulla scorta delle mie "ignoranze matematiche", che immagino abbiano suscitato risate sui conteggi.

Praticamente partivo dal presupposto che la Terra nel sistema solare si trova in "grazia di Dio" in un **equilibrio ambientale** né troppo freddo e né rovente; al contrario di Marte che è più lontano dal sole e quindi è troppo freddo, mentre il pianeta Venere essendo più vicino al sole è troppo caldo.

Quindi chiedevo se fosse possibile che 5 miliardi a.f., il sole fosse ancora più potente e caldo tale da rendere la Terra infuocata mentre Marte in equilibrio tra freddo e caldo tale da presumere potesse esserci un **ambiente equilibrato** e conseguentemente la vita.

Oppure se il Sole 5 mil. a.f., fosse meno potente di come è oggi, per cui all'epoca, Venere risultava in equilibrio ed abitabile, mentre la Terra era freddissima come è oggi Marte.

Insomma immaginate un fuoco acceso (sole) e nove persone distanziate diversamente da esso che rappresentano i pianeti. La terza persona in fila (Terra), se il fuoco ha una certa caloria, starà bene in equilibrio tra caldo/freddo; mentre le prime due persone avranno un caldo terribile da morire; così dalla quarta persona in poi (Marte in poi) essendo più lontane dal fuoco avranno un freddo terribile tale da perire ugualmente.

Man mano che il fuoco aumenta il terzo uomo diventa rovente (Terra) ed il quarto ritorna a vivere (Marte).

Neanche a farlo apposta, l'anno scorso vidi su you-tube un video che delineava questa ipotesi che credevo di aver teorizzato.

Ovviamente della teoria non ci interessa, né tantomeno la paternità essendo già stata diagnosticata negli anni '70 come "fascia di abitabilità", quello che ci preme è se sia possibile che **Marte** una volta fosse in **equilibrio ambientale** abitata da una razza evoluta e che il sole diminuendo di calore abbia reso il loro pianeta freddo tale da farli scappare verso un pianeta più mite dove già stava rigogliando la vita, cioè sulla **Terra**?

Oppure al contrario, gli abitanti di **Venere,** che era in equilibrio calorifico**,** dovettero scappare sulla **Terra** perché il sole stava crescendo di calore, rendendo il pianeta dei Venusiani infuocato (preferisco Venesiani).

Per un motivo a noi sconosciuto questi alieni buoni, o sono scomparsi oppure si tengono nascosti, oppure come sostiene qualcuno, assumono forma umana e stanno ai vertici del potere mondiale.

Esattamente quello che stanno facendo i terrestri adesso, i quali tentano di conquistare Marte, forse perché sanno che tra 1.000 anni ci sarà una ventata di calore del Sole tale da rendere il nostro pianeta rovente senza ossigeno, o magari per solo spirito esplorativo per trovarvi altre ricchezze nascoste che potrebbero venirci utili per conquistare altri sistemi solari.

Quindi in teoria l'uomo potrebbe conquistare Marte e portarvi batteri, piante, semi e botte di ossigeno per rivitalizzarlo per cui non è escluso che dopo un lasso di tempo lunghissimo, le future generazioni terrestri su Marte, grazie alle onde elettro-spirituali, possano modificare il loro DNA per adeguare il loro corpo a quell'ambiente desertico e con scarsità di ossigeno al momento.

Ovviamente non succederebbe in una sola settimana, per cui in un lontanissimo futuro si creerebbero delle diversità tra i terrestri ed i neo marziani-terrestri tale da entrare in conflitto tra loro per una guerra stellare, come è successo agli esploratori dell'America che poi alla fine sono entrati in conflitto con gli europei.

Quindi, tutto è possibile. Ma noi non stiamo qui a giocare la schedina su quale teoria sia vera: arrivati a questo punto non ci serve perché noi abbiamo bisogno soltanto di conoscere il nostro D'io interiore per vivere insieme la vita terrena e futura.

Giusto per completezza del discorso, alcuni passi della Bibbia interpretandoli letteralmente per quello che si legge (Genesi, 4-6), farebbero presupporre che gli Elohim fossero degli **alieni "luminosi" di altissima statura**, venuti dallo spazio o dal cielo, i quali essendo evoluti e con conoscenze avanzate, si siano messi a fare esperimenti di genetica sugli animali ed in ultimo, abbiano modificato il DNA degli ominidi per creare **la razza umana,** al fine di farli lavorare al loro posto nelle miniere d'oro e nei campi.

Non si capisce a cosa gli servisse l'oro, forse per le loro navette spaziali, da cui poi sarebbe derivata l'importanza che l'uomo diede al prezioso metallo. Gli indiani d'America non riuscivano a capire perché l'uomo bianco era disposto ad uccidere per un metallo che per loro era solo una pietra luccicante, è ancor di più rimasero sconcertati vedendo i "Bianchi" recintarsi il terreno che per loro apparteneva alla natura; e audite audite, gli indiani rimaneva sbalorditi quando vedevano i padri bianchi picchiare i figli per educarli al rispetto: tra le due civiltà non saprei dire chi fosse la vera civilizzata.

Le cose non possiamo cambiarle se non idealmente e con l'immaginazione, per cui considerate tutte le cose della natura non vostre: voi ne avete solo la disponibilità in comodato d'uso per il tempo della vostra vita, non illudetevi perchè il vero proprietario-creatore è Dio, compreso il vostro corpo fisico (inteso come l'abbiamo inteso).

Altre prove sugli alieni sono dei cimeli antichi ritrovati (spec. Inca e Maya, ma in tutte le civiltà) dove vengono raffigurati macchine volanti ed altri suppellettili di cui non si capisce neanche il metodo di realizzazione, come ad es. un vaso al quarz ritagliato perfettamente da un blocco intero di 7.000 anni fa. Ma anche costruzioni di un certo livello che oggi non sarebbero riproducibili come ad esempio le Piramidi e migliaia di costruzione megalitiche. Ma questo non esclude neanche l'altra teoria, secondo la quale **i giganti della preistoria** si siano evoluti fino a creare attrezzature sofisticate.

Comunque sia, sicuramente gli extraterrestri non hanno creato l'universo ma sarebbero delle creature dell'universo, per cui anche ammettendo la loro esistenza, gli extraterresti erano anch'essi dei condensati di energia e-spirituale e avevano sempre un D'io interiore collegato con il Dio Universale tramite le onde elettro-spirituali, pertanto la creazione della razza umana da parte loro rientra sempre nella "Volontà di Dio" o dell' "Energia Spirituale", il quale si è compiaciuta in questo, consentendoci di evolverci fino a renderci consapevoli della verità della fede per crescere ulteriormente.

Niente succede per caso ma per un disegno divino, se poi ci abbiano dato una mano in tal senso questi Elohim alieni o preistorici, noi ringraziamo, ma intanto loro sono scomparsi dalla Terra e noi siamo qua a continuare il "disegno divino" di Dio, almeno apparentemente. Questi Elohim alieni avevano dei **Malakim** ossia degli ambasciatori o messaggeri, come si legge nella Bibbia, di cui i più famosi sono quelli che noi chiamiamo l'arcangelo Gabriele e Michele.

La terza ipotesi, come credono i religiosi ebraici, è che questo Elohim unico chiamato Jahvè dagli Ebrei, fosse il Dio unico che appariva e scompariva a suo piacimento, e a volte comunicava tramite i suoi ambasciatori messaggeri Malakim, chiamati poi angeli, che avevano un capo ambasciatore chiamato Arcangelo , di cui i più famosi sono l'Arcangelo Gabriele e Michele.

Nel seguente schema i concetti appariranno più chiari:

ORIGINI DELL'UOMO

ELOHIM	EVOLUZIONE
Descritti nella Bibbia / mitologia greca	Teorizzata da Darwin & C.
Giganti considerati Dio	con quattro teorie
Che crearono l'uomo	
Con quattro teorie	

1° teoria: Gli Elohim erano alieni giganti venuti dallo spazio (Rettiliniani);	1° teoria: dalla scimmia si è evoluto l'uomo;
2° teoria: gli Elohim erano giganti preistorici che si evolsero nel tempo;	2° teoria: dagli ominidi si sono evoluti da una parte l'uomo e dall'altra la scimmia;
3° teoria: i dinosauri si sono trasformati in Elohim giganti con pollice opponibile;	3° teoria: all'origine vi erano gli ominidi ed i Giganti preistorici che si evolsero in una civiltà progredita che a loro volta modificarono il DNA degli ominidi;
4° teoria: Elohim era Dio materializzato .	4° teoria: i dinosauri nel tempo si sono trasformati in animali con pollice opponibile.

Comunque sia, il risultato siamo noi oggi.

Ricordatevi e non stupitevi se dovessero scoprire altri animali psudo-umani che fanno sparire per non scandalizzare la popolazione: sappiate che possono essere esistiti o che esistono ancora molti animali strani che l'uomo per paura ha distrutto e distruggerà ancora se teme per la propria incolumità

Concludendo: sia che questi Elohim fossero dei **giganti umani** venuti dalla preistoria poi evolutisi; oppure che siano dei **giganti alieni** venuti dalla spazio, entrambi i quali ci avevano schiavizzati, il disegno di Dio è inequivocabile: loro sono spariti e noi siamo qui per volontà divina per creare quel mondo parallelo di beatitudine di sola spiritualità, per cui non dobbiamo commettere lo sbaglio di quella razza gigante che pensava di essere superiori a Dio, altrimenti faremo la fine dei topi annegati prima del tempo prefissato allorquando la terra verrà risucchiata dal Sole tra 5 miliardi di anni, ma l'uomo sarà già in un'altra costellazione per continuare l'avventura, a patto che manterremo la fede.

Questa parte sulle origini della vita, tranne le prime pagine, avremmo potuto anche evitare di scriverla, ma oltre a fare della cultura, il nostro intento era quel di mettere al primo posto il ragionamento e la logica perché è una facoltà che abbiamo per volontà di Dio e mi sembra un controsenso e un'offesa non utilizzarla proprio nei suoi confronti.

Ad un amico su facebook che non credeva a niente e non frequentava alcuna chiesa, gli spiegai qualche concetto mandandogli una copia del libro che stavo scrivendo. Quando lo incontrai dopo un paio di mesi, mi disse quasi rimproverandomi che quello che avevo scritto erano tutte elucubrazioni teoriche senza fondamento e che l'unica verità era il Vangelo, Gesù e la santa messa diventandone un accanito frequentatore. Lì per lì rimasi stupito dall'atteggiamento, ma poi riflettendoci avevo capito che grazie alle fotocopie che gli diedi, in lui si era riaccesa **la fiamma della fede**, non più cieca senza risposte, ma in una logica spirituale che aveva appreso dalla lettura, considerando che prima in chiesa non sarebbe andato neanche a pagamento e comunque è sempre un figlio di questa rivelazione.

Questo è il nostro intento e la nostra soddisfazione è che cresciate in pace e in armonia con voi stessi e con il mondo, ricevendone tutte le soddisfazioni possibili, con l'avvertimento di non inorgoglirsi, ma mettersi al servizio degli altri e del vostro D'io interiore, perché:

come noi siamo ciò che pensiamo (riportandoci all'IDEA filosofica), così l'Universo all'origine è ciò che è stato pensato (IDEA universale = DIO universale), che in altre parole significa la possibilità realistica che all'interno dell'Energia Elettro Spirituale, eterna ed immutabile, vi sia una vita spirituale pensante, la cui traccia è all'interno del nostro D'io interiore.

PARTE QUINTA
METTIAMO IN PRATICA LA POTENZA DEL NOSTRO D'IO

CAPITOLO 37

RICCHEZZA, SUCCESSO, SALUTE

Del successo e della ricchezza abbiamo parlato, vi sono comunque sistemi per migliorare la capacità di guadagno sfruttando le vostre onde elettrospirituali (pensiero, convinzione e legge dell'attrazione), pensando positivamente durante il giorno questi semplici concetti: Ricchezza e Successo, in particolare prima di alzarvi e prima di addormentarvi oppure durante le vostre meditazioni, con l'avvertenza che ogni vostro dubbio o tentennamenti equivale per il vostro D'io a non ricevere quanto richiesto (V. Legge della Fede o della convinzione).

"Perciò vi dico: per la vostra vita non affannatevi di quello che mangerete o berrete, e neanche per il vostro corpo, di quello che indosserete; .... Guardate gli uccelli del cielo: non seminano, né mietono, né ammassano nei granai; eppure si nutrono. Non contate voi forse più di loro; ....Osservate come crescono i gigli del campo: non lavorano e non filano; eppure io vi dico che neanche Salomone, con tutta la sua gloria, vestiva come uno di loro" (Matteo 6,25-33).

Ora vi chiedo: la ricchezza e il successo vi serve solo per vantarvi con gli altri? Oppure per aumentare il vostro potere per sottomettere gli altri? O perché il lavoro vi annoia e stanca? Oppure vi serve giustamente per realizzarvi e stare bene e per aiutare il prossimo?

Il vostro D'io è interno a voi e sa tutto di voi: è inutile che vi nascondete.

"Ebbene io vi dico: Chiedete e vi sarà dato, cercate e troverete, bussate e vi sarà aperto. Perché chi chiede ottiene, chi cerca trova, e a chi bussa sarà aperto" (Luca 11, 9-10).

Credeteci e vi sarà fatto!

Riflettete su questo e capirete che voi siete nati per vivere una vita felice e per coprirvi di tutte le comodità che vi servono: basta solo la vostra fede nel vostro D'io e la vostra buona volontà positiva. Ricordate solo di non inorgoglirvi o di vantarvi della vostra ricchezza, o di sentirvi superiori agli altri a causa dei vostri averi, altrimenti cadrete molto in giù in un solo attimo; così se siete meno abbienti cercate di non disprezzare la ricchezza altrui ma di apprezzarla e benedirla e di non tentare neanche di pensare di appropriarvi ingiustamente delle cose degli altri, perché il vostro D'io si chiuderà a riccio e prenderà questi atti come una sfiducia nei suoi confronti, in quanto voi avete dato più credito alla vostra "Ombra" che avrà preso il sopravvento su di voi e che vi manterrà sempre nella condizione di lamentarvi, che al vostro D'io.

Insomma il rompiballe non è esterno a voi, ma dentro di voi ed è l'Ombra che dovete sconfiggere NON GLI ALTRI. Ordinate alla vostra ombra di stare giù e zitta e di non disturbarvi più, ditegli aspramente: "Vada retro Ombra e non uscire più", fate questo patto deciso e vedrete che non sarete più disturbati: ma ricordatevi di essere costanti perché l'Ombra aspetta il momento giusto per farvi venire in bocca l'acquolina.

***

Il nostro scopo principale è dare la fede alle persone e non altro. Un antico proverbio cinese diceva: "non dare ogni giorni dei pesci all'affamato, ma compragli una canna da pesca". Ebbene, noi abbiamo voluto regalarvi questa canna da pesca dorata per prendere ogni giorno tutti i pesci spirituali che volete.

L'argomento della salute, invece, merita un particolare approfondimento.

Il vostro D'io controlla perfettamente la vostra salute e non ha bisogno di nessuna medicina: "aiutati che D'io t'aiuta" esprime chiaramente questo concetto. Il vostro D'io interiore agisce in modo perfetto tramite il sistema immunitario che controlla tutto per sconfiggere qualsiasi salute precaria, creando gli anticorpi necessari per stare in buona salute, oppure di aggiustare l'organo che comincia a dare dei colpi. Non abbiate dubbi su questo.

Se tutti utilizzassero la propria fede e il proprio D'io appropriatamente, vi posso garantire che gli ospedali sarebbero quasi vuoti. I medici che leggeranno questo libro, sapranno utilizzarlo meglio per guarire i loro pazienti.

Ho dei rimorsi per non essermi recato da qualche conoscente o amico ammalato, pur volendo, ma il problema era se mi avessero preso sul serio: v'immaginate uno che viene a casa senza pretese e vi dice: "lascia stare la chemioterapia, perché con me e te insieme, guarisci subito". Ma la loro morte non è stata vana perché da loro presi la decisione di dare a tutti "una canna da pesca" scrivendo questo manuale.

Innanzitutto diciamo che per mantenere la salute dovrete applicare gli stessi principi accennati all'inizio di questo capitolo, per cui la vostra parola d'ordine che il vostro D'io recepisce subito, sarà semplicemente: "Salute, salute, salute" e se aggiungete anche: "io sono sulla via della guarigione – tutto il mio corpo funziona in modo perfetto e regolare", state sicuri che il vostro D'io vi manterrà sempre in buona salute e lavorerà per voi sempre. Se poi vi è qualcosa in particolare da guarire, mutatis mutandi, applicate la stessa formula.

Molti soffrono di stitichezza e se volete fare un esperimento su voi stessi per averne prova, ripetetevi dieci volte al giorno: "la mia digestione funziona in modo perfetto e regolare grazie alla potenza infinita del mio D'io interiore" e vedrete che quanto prima le cose cambieranno.

Evitate la paura e la voglia di andarvi a controllare ogni mese, perché per il vostro D'io equivale ad un atto di sfiducia o richiesta negativa. Se il vostro D'io vi dà la disponibilità a farvi stare bene, perché dubitate! Se dubitate vuol dire che non ci credete: come quel paziente che va dal dottore per una consulenza, ma poi non fidandosi, va da un altro, per poi ritornare dal primo che aveva azzeccato la diagnosi. Anche qui, il problema è la dimenticanza e la saccenteria.

Per molti le medicine servono solo a rassicurarlo di aver fatto tutto quello che doveva per stare in buona salute, ossia per dargli la convinzione di guarire. Ma vi sono dei farmaci che diminuiscono in modo drastico le proprie difese immunitarie, rendendo più difficile il lavoro per il Vostro D'io che deve recuperare a ricostituire il sistema immunitario da voi devastato. Un Oki o un Bentalan o una tachipirina o degli integratori, sono un aiuto accettabile così come l'eliminazione dello zucchero che alimenta e prolifera i batteri negativi che abbiamo all'interno, producendo uno squilibrio della candida che dovrebbe avere un rapporto di 80/20 tra batteri positivi e negativi per mantenere il corpo in armonia.

Avete mai visto un uccello ammalarsi di qualcosa se vive in un ambiente non contaminato da pesticidi? Oppure ammalarsi un lupo della foresta che vive in un bosco incontaminato? Al contrario possiamo trovare un cagnolino domestico ammalato soltanto perché contro natura lo infilziamo di cibo, a volte avariato o perché è stato castrato. Qualunque animale non si pone il problema della salute perché è sicuro che starà sempre bene, compreso i cuccioli, salvo qualche indebolimento per la vecchiaia.

Gli animali hanno più fede di noi, perché il loro D'io interno lavora in simbiosi ed in automatico con loro. Che cosaaaa? Anche gli animali hanno un D'io interno? Infatti no, anche gli alberi; e se ci sono, anche negli extraterrestri: Dio è in ogni cosa.

Dio è solo e pura "energia elettro-spirituale", perché gli animali o gli alberi non dovrebbero averla? È un dato di fatto che anch'essi siano energia spirituale condensata. L'uomo ha solo la facoltà di avere consapevolezza del proprio D'io e di Dio: anche voi appartenete al mondo animale, mentre la vostra coscienza può innalzarsi ed averne consapevolezza per approdare in quel mondo parallelo di solo coscienza e spiritualità.

Non portate tale concetto al puro bigottismo perché gli animali e le piante vanno rispettate e se possibile consentirgli una vita agiata; ma anch'essi hanno la missione di essere di nutrimento nel disegno di Dio: ricordatevi solo di benedire ciò che mangiate e di ringraziare la natura per il dono e il sacrificio che fanno per voi, con un semplice grazie pensato con cuore.

Quanto detto riguarda la prevenzione.

Nel caso invece abbiate una patologia **meno grave**, siate costanti nella fede e lottate con il vostro pensiero positivo di salute; se invece dovesse subentrare una **patologia preoccupante,** allora dovrete isolarvi con la famiglia stretta, spegnere televisione e cellulare, per concentrarvi in tutto e per tutto il tempo a "pensare di guarire".

I vostri sforzi saranno indeboliti se vi verrà a casa un amico o un familiare e vi dirà anche se in buona fede: "mi dispiace, questa brutta cosa non ci voleva" o altre frasi simili; a meno che sia diventato anche lui un nessuniano convinto o sia uomo di fede che **non** alimenti la speranza, **ma accresca la certezza e la convinzione di guarire al 100% senza alcun dubbio.**

Eliminate dal vostro vocabolario il termine **speranza** e sostituitelo con il termine **certezza**, come se fosse già avvenuto ed è solo questione di tempo. Se uno **spera qualcosa** vuol dire che non è convinto, ma se pensa e ha la certezza e la sicurezza, vuol dire che è convinto della fede nel suo D'io ed in quel che crede in cuor suo. Ricordatevi che il vostro D'io interiore governa il vostro sistema immunitario, dategli questo ordine ed il vostro D'io interiore tramite la "legge dell'attrazione" farà in modo da accelerare la guarigione: dialogate con il vostro D'io interiore e credeteci: il Maestro disse: **" se due di voi crederanno in qualcosa, questo si avvererà"**, e questi due sono: tu e il tuo D'io interiore. Ho inserito il mio telefono in ultima, nel caso vogliate dei consigli, specialmente nel caso di bambini, senza togliere le cure prescritte dai medici.

*****

Anch'io ho avuto le mie incertezze e sono stato al punto di non pubblicare questo libro, ma una forza misteriosa mi spingeva sempre in avanti, a costo di essere massacrato e deriso, spero che perdonerete la mia pazzia.

Non ho inserito nessun comandamento perché i comandamenti sono scritti già nel vostro D'io interiore che vi parla attraverso il silenzio della vostra coscienza, ma un solo comandamento voglio lasciarlo: **rileggete di nuovo questo libro** per favore.

Semmai dovesse venire il "Cristo" sulla terra e vedere che tutti lo chiamano Signore, vi prenderebbe a pedate e vi direbbe DUE COSE: <<abbassate il titolo e fate la volontà di Dio>> e <<consideratevi Nessuno davanti a Dio>>, ed in men che meno sarebbe di nuovo messo sulla croce.

Vi ringrazio per aver avuto la pazienza di arrivare fin qui e di perdonarmi per qualche errore di distrazione lessicale che correggeremo nella prossima edizione. Forse questo messaggio era la mia missione in questa vita per ritornare felice a essere Nessuno, e mi basterà per essere soddisfatto se avrò risvegliato la vera fede anche su uno solo di voi e magari proprio in te.

<u>Ricordati sempre che tu sei "Più" di quel che pensi</u> e che come dice Jovanotti <<il più grande spettacolo dopo il big bang siamo noi: "io e te">> riferendosi alla dualità interiore del suo essere: io e D'io.

Nella speranza che possiate ritrovare la vostra via Gluck e voi stessi: Dio benedica l'Italia, il Mondo e l'Universo.

By Nessuno.

Mario Giordano Bruno è nato a Cariati l'11.05.2002, ma ha sempre abitato in Mirto-Crosia (CS), diplomato al Liceo Scientifico San Nilo di Rossano. Frequenta l'Unical di Cosenza. Bruno Pieralfonso, nato a Cariati il 30.04.2009 ma ha sempre abitato in Mirto-Crosia (CS).	Sergio Bruno, nato a Longobucco il 18.03.1964 della famiglia de' Giordani, si è trasferito a Mirto-Crosia a quattro anni, laureatosi in Giurisprudenza all'Università degli Studi di Messina e di professione avvocato cassazionista; pittore dilettante ma intenso e passionale.

per comunicazioni e prenotazioni del libro:
email: conosci.dio@libero.it,
cell. 3280585705

L'ora più bella per conoscere D'io

Printed in Great Britain
by Amazon

71789776R00129